THIS PLANNER
BELONGS TO:

....

Friday 01 January 2021

PRIORITY TASKS	AM		PM	
_____	**12**		**12**	
_____	**1**		**1**	
_____	**2**		**2**	
_____	**3**		**3**	
_____	**4**		**4**	
_____	**5**		**5**	
TO DO	**6**		**6**	
_____	**7**		**7**	
_____	**8**		**8**	
_____	**9**		**9**	
_____	**10**		**10**	
_____	**11**		**11**	
_____	**WATER INTAKE - 1 2 3 4 5 6 7 8**			
_____				

Saturday 02 January 2021

PRIORITY TASKS	AM		PM
_____	12	12	
_____	1	1	
_____	2	2	
_____	3	3	
_____	4	4	
_____	5	5	
_____	6	6	
TO DO	7	7	
_____	8	8	
_____	9	9	
_____	10	10	
_____	11	11	
_____	**WATER INTAKE - 1 2 3 4 5 6 7 8**		

Sunday 03 January 2021

	AM		PM
12		12	
1		1	
2		2	
3		3	
4		4	
5		5	
6		6	
7		7	
8		8	
9		9	
10		10	
11		11	

_____

_____

_____

_____

_____

_____

TO DO

_____

_____

_____

_____

_____

_____

WATER INTAKE - 1 2 3 4 5 6 7 8

Monday 04 January 2021

PRIORITY TASKS	AM		PM
_____	12	12	
_____	1	1	
_____	2	2	
_____	3	3	
_____	4	4	
_____	5	5	
	6	6	
TO DO	7	7	
_____	8	8	
_____	9	9	
_____	10	10	
_____	11	11	
_____	WATER INTAKE - 1 2 3 4 5 6 7 8		

Tuesday 05 January 2021

PRIORITY TASKS	AM		PM
_____	12	12	
_____	1	1	
_____	2	2	
_____	3	3	
_____	4	4	
_____	5	5	
TO DO	6	6	
_____	7	7	
_____	8	8	
_____	9	9	
_____	10	10	
_____	11	11	
_____	WATER INTAKE - 1 2 3 4 5 6 7 8		

Wednesday 06 January 2021

PRIORITY TASKS

_____
_____
_____
_____
_____
_____
_____

TO DO

_____
_____
_____
_____
_____
_____
_____

AM		PM	
12		12	
1		1	
2		2	
3		3	
4		4	
5		5	
6		6	
7		7	
8		8	
9		9	
10		10	
11		11	

WATER INTAKE - 1 2 3 4 5 6 7 8

Thursday 07 January 2021

PRIORITY TASKS	AM		PM
_____	**12**	**12**	
_____	**1**	**1**	
_____	**2**	**2**	
_____	**3**	**3**	
_____	**4**	**4**	
_____	**5**	**5**	
	6	**6**	
TO DO	**7**	**7**	
_____	**8**	**8**	
_____	**9**	**9**	
_____	**10**	**10**	
_____	**11**	**11**	
_____	WATER INTAKE - 1 2 3 4 5 6 7 8		
_____			

Friday 08 January 2021

PRIORITY TASKS	AM		PM
_____	12	12	
_____	1	1	
_____	2	2	
_____	3	3	
_____	4	4	
_____	5	5	
	6	6	
TO DO	7	7	
_____	8	8	
_____	9	9	
_____	10	10	
_____	11	11	
_____	WATER INTAKE - 1 2 3 4 5 6 7 8		

Saturday 09 January 2021

PRIORITY TASKS	AM		PM	
_____	12		12	
_____	1		1	
_____	2		2	
_____	3		3	
_____	4		4	
_____	5		5	
_____	6		6	
TO DO	7		7	
_____	8		8	
_____	9		9	
_____	10		10	
_____	11		11	
_____	WATER INTAKE - 1 2 3 4 5 6 7 8			

Sunday 10 January 2021

PRIORITY TASKS	AM		PM	
_____	12		12	
_____	1		1	
_____	2		2	
_____	3		3	
_____	4		4	
_____	5		5	
_____	6		6	
TO DO	7		7	
_____	8		8	
_____	9		9	
_____	10		10	
_____	11		11	
_____	WATER INTAKE - 1 2 3 4 5 6 7 8			

Monday 11 January 2021

PRIORITY TASKS	AM		PM
_____	12	12	
_____	1	1	
_____	2	2	
_____	3	3	
_____	4	4	
_____	5	5	
	6	6	
TO DO	7	7	
_____	8	8	
_____	9	9	
_____	10	10	
_____	11	11	
_____	WATER INTAKE - 1 2 3 4 5 6 7 8		

Tuesday 12 January 2021

PRIORITY TASKS	AM		PM
_____	12	12	
_____	1	1	
_____	2	2	
_____	3	3	
_____	4	4	
_____	5	5	
	6	6	
TO DO	7	7	
_____	8	8	
_____	9	9	
_____	10	10	
_____	11	11	
_____	WATER INTAKE - 1 2 3 4 5 6 7 8		

Wednesday 13 January 2021

PRIORITY TASKS	AM		PM
_____	12	12	
_____	1	1	
_____	2	2	
_____	3	3	
_____	4	4	
_____	5	5	
	6	6	
TO DO	7	7	
_____	8	8	
_____	9	9	
_____	10	10	
_____	11	11	
_____	WATER INTAKE - 1 2 3 4 5 6 7 8		

Thursday 14 January 2021

PRIORITY TASKS		AM		PM
_____	12		12	
_____	1		1	
_____	2		2	
_____	3		3	
_____	4		4	
_____	5		5	
TO DO	6		6	
_____	7		7	
_____	8		8	
_____	9		9	
_____	10		10	
_____	11		11	
_____		**WATER INTAKE - 1 2 3 4 5 6 7 8**		

Friday 15 January 2021

PRIORITY TASKS	AM		PM	
_____	**12**		**12**	
_____	**1**		**1**	
_____	**2**		**2**	
_____	**3**		**3**	
_____	**4**		**4**	
_____	**5**		**5**	
	6		**6**	
TO DO	**7**		**7**	
_____	**8**		**8**	
_____	**9**		**9**	
_____	**10**		**10**	
_____	**11**		**11**	
_____	**WATER INTAKE - 1 2 3 4 5 6 7 8**			
_____				

Saturday 16 January 2021

PRIORITY TASKS	AM		PM
_____	12	12	
_____	1	1	
_____	2	2	
_____	3	3	
_____	4	4	
_____	5	5	
TO DO	6	6	
_____	7	7	
_____	8	8	
_____	9	9	
_____	10	10	
_____	11	11	
_____	WATER INTAKE - 1 2 3 4 5 6 7 8		
_____			

Sunday 17 January 2021

PRIORITY TASKS	AM		PM
_____	12	12	
_____	1	1	
_____	2	2	
_____	3	3	
_____	4	4	
_____	5	5	
	6	6	
TO DO			
_____	7	7	
_____	8	8	
_____	9	9	
_____	10	10	
_____	11	11	
_____	WATER INTAKE - 1 2 3 4 5 6 7 8		

Monday 18 January 2021

PRIORITY TASKS

_____

_____

_____

_____

_____

_____

TO DO

_____

_____

_____

_____

_____

_____

AM		PM	
12		12	
1		1	
2		2	
3		3	
4		4	
5		5	
6		6	
7		7	
8		8	
9		9	
10		10	
11		11	

WATER INTAKE - 1 2 3 4 5 6 7 8

Tuesday 19 January 2021

PRIORITY TASKS	AM		PM
_____	12	12	
_____	1	1	
_____	2	2	
_____	3	3	
_____	4	4	
_____	5	5	
_____	6	6	
TO DO	7	7	
_____	8	8	
_____	9	9	
_____	10	10	
_____	11	11	
_____	WATER INTAKE - 1 2 3 4 5 6 7 8		
_____			

Wednesday 20 January 2021

PRIORITY TASKS	AM		PM
_____	12	12	
_____	1	1	
_____	2	2	
_____	3	3	
_____	4	4	
_____	5	5	
TO DO	6	6	
_____	7	7	
_____	8	8	
_____	9	9	
_____	10	10	
_____	11	11	
_____	WATER INTAKE - 1 2 3 4 5 6 7 8		

Thursday 21 January 2021

PRIORITY TASKS	AM		PM
_____	12	12	
_____	1	1	
_____	2	2	
_____	3	3	
_____	4	4	
_____	5	5	
TO DO	6	6	
_____	7	7	
_____	8	8	
_____	9	9	
_____	10	10	
_____	11	11	
_____	WATER INTAKE - 1 2 3 4 5 6 7 8		

Friday 22 January 2021

PRIORITY TASKS	AM		PM
_____	12	12	
_____	1	1	
_____	2	2	
_____	3	3	
_____	4	4	
_____	5	5	
	6	6	
TO DO	7	7	
_____	8	8	
_____	9	9	
_____	10	10	
_____	11	11	
_____	WATER INTAKE - 1 2 3 4 5 6 7 8		

Saturday 23 January 2021

PRIORITY TASKS		AM		PM
_____	**12**		**12**	
_____	**1**		**1**	
_____	**2**		**2**	
_____	**3**		**3**	
_____	**4**		**4**	
_____	**5**		**5**	
	6		**6**	
TO DO	**7**		**7**	
_____	**8**		**8**	
_____	**9**		**9**	
_____	**10**		**10**	
_____	**11**		**11**	
_____		WATER INTAKE - 1 2 3 4 5 6 7 8		

Sunday 24 January 2021

PRIORITY TASKS	AM	PM
_____	12	12
_____	1	1
_____	2	2
_____	3	3
_____	4	4
_____	5	5
TO DO	6	6
_____	7	7
_____	8	8
_____	9	9
_____	10	10
_____	11	11
_____	WATER INTAKE - 1 2 3 4 5 6 7 8	

Monday 25 January 2021

PRIORITY TASKS		AM		PM
_____	**12**		**12**	
_____	**1**		**1**	
_____	**2**		**2**	
_____	**3**		**3**	
_____	**4**		**4**	
_____	**5**		**5**	
	6		**6**	
TO DO	**7**		**7**	
_____	**8**		**8**	
_____	**9**		**9**	
_____	**10**		**10**	
_____	**11**		**11**	
_____		WATER INTAKE - 1 2 3 4 5 6 7 8		
_____				

Tuesday 26 January 2021

PRIORITY TASKS	AM		PM
_____	12	12	
_____	1	1	
_____	2	2	
_____	3	3	
_____	4	4	
_____	5	5	
TO DO	6	6	
_____	7	7	
_____	8	8	
_____	9	9	
_____	10	10	
_____	11	11	
_____	WATER INTAKE - 1 2 3 4 5 6 7 8		

Wednesday 27 January 2021

PRIORITY TASKS	AM		PM

PRIORITY TASKS
_____
_____
_____
_____
_____
_____

TO DO
_____
_____
_____
_____
_____
_____
_____
_____

	AM		PM
12		**12**	
1		**1**	
2		**2**	
3		**3**	
4		**4**	
5		**5**	
6		**6**	
7		**7**	
8		**8**	
9		**9**	
10		**10**	
11		**11**	

WATER INTAKE - 1 2 3 4 5 6 7 8

Thursday 28 January 2021

PRIORITY TASKS	AM		PM	
_____	12		12	
_____	1		1	
_____	2		2	
_____	3		3	
_____	4		4	
_____	5		5	
	6		6	
TO DO	7		7	
_____	8		8	
_____	9		9	
_____	10		10	
_____	11		11	
_____	WATER INTAKE - 1 2 3 4 5 6 7 8			

Friday 29 January 2021

PRIORITY TASKS	AM		PM	
_____	12		12	
_____	1		1	
_____	2		2	
_____	3		3	
_____	4		4	
_____	5		5	
	6		6	
TO DO	7		7	
_____	8		8	
_____	9		9	
_____	10		10	
_____	11		11	
_____	WATER INTAKE - 1 2 3 4 5 6 7 8			

Saturday 30 January 2021

PRIORITY TASKS	AM		PM
_____	12	12	
_____	1	1	
_____	2	2	
_____	3	3	
_____	4	4	
_____	5	5	
	6	6	
TO DO	7	7	
_____	8	8	
_____	9	9	
_____	10	10	
_____	11	11	
_____	**WATER INTAKE - 1 2 3 4 5 6 7 8**		

Sunday 31 January 2021

PRIORITY TASKS	AM		PM	
_____	**12**		**12**	
_____	**1**		**1**	
_____	**2**		**2**	
_____	**3**		**3**	
_____	**4**		**4**	
_____	**5**		**5**	
	6		**6**	
TO DO	**7**		**7**	
_____	**8**		**8**	
_____	**9**		**9**	
_____	**10**		**10**	
_____	**11**		**11**	
_____	**WATER INTAKE - 1 2 3 4 5 6 7 8**			
_____				

Monday 01 February 2021

PRIORITY TASKS	AM		PM	
_____	12		12	
_____	1		1	
_____	2		2	
_____	3		3	
_____	4		4	
_____	5		5	
_____	6		6	
TO DO	7		7	
_____	8		8	
_____	9		9	
_____	10		10	
_____	11		11	
_____	WATER INTAKE - 1 2 3 4 5 6 7 8			

Tuesday 02 February 2021

PRIORITY TASKS		AM		PM
_____	12		12	
_____	1		1	
_____	2		2	
_____	3		3	
_____	4		4	
_____	5		5	
TO DO	6		6	
_____	7		7	
_____	8		8	
_____	9		9	
_____	10		10	
_____	11		11	
_____	WATER INTAKE - 1 2 3 4 5 6 7 8			

Wednesday 03 February 2021

PRIORITY TASKS	AM		PM	
_____	12		12	
_____	1		1	
_____	2		2	
_____	3		3	
_____	4		4	
_____	5		5	
TO DO	6		6	
_____	7		7	
_____	8		8	
_____	9		9	
_____	10		10	
_____	11		11	
_____	WATER INTAKE - 1 2 3 4 5 6 7 8			

Thursday 04 February 2021

PRIORITY TASKS	AM		PM	
_____	12		12	
_____	1		1	
_____	2		2	
_____	3		3	
_____	4		4	
_____	5		5	
	6		6	
TO DO	7		7	
_____	8		8	
_____	9		9	
_____	10		10	
_____	11		11	
_____	WATER INTAKE - 1 2 3 4 5 6 7 8			

Friday 05 February 2021

PRIORITY TASKS	AM		PM
_____	**12**	**12**	
_____	**1**	**1**	
_____	**2**	**2**	
_____	**3**	**3**	
_____	**4**	**4**	
_____	**5**	**5**	
	6	**6**	
TO DO	**7**	**7**	
_____	**8**	**8**	
_____	**9**	**9**	
_____	**10**	**10**	
_____	**11**	**11**	
_____			

WATER INTAKE - 1 2 3 4 5 6 7 8

Saturday 06 February 2021

PRIORITY TASKS	AM		PM
_____	**12**	**12**	
_____	**1**	**1**	
_____	**2**	**2**	
_____	**3**	**3**	
_____	**4**	**4**	
_____	**5**	**5**	
TO DO	**6**	**6**	
_____	**7**	**7**	
_____	**8**	**8**	
_____	**9**	**9**	
_____	**10**	**10**	
_____	**11**	**11**	
_____	**WATER INTAKE - 1 2 3 4 5 6 7 8**		

Sunday 07 February 2021

PRIORITY TASKS	AM		PM	
_____	12		12	
_____	1		1	
_____	2		2	
_____	3		3	
_____	4		4	
_____	5		5	
	6		6	
TO DO	7		7	
_____	8		8	
_____	9		9	
_____	10		10	
_____	11		11	
_____	WATER INTAKE - 1 2 3 4 5 6 7 8			

Monday 08 February 2021

PRIORITY TASKS	AM		PM
_____	**12**	**12**	
_____	**1**	**1**	
_____	**2**	**2**	
_____	**3**	**3**	
_____	**4**	**4**	
_____	**5**	**5**	
	6	**6**	
TO DO	**7**	**7**	
_____	**8**	**8**	
_____	**9**	**9**	
_____	**10**	**10**	
_____	**11**	**11**	
_____	**WATER INTAKE - 1 2 3 4 5 6 7 8**		
_____			

Tuesday 09 February 2021

PRIORITY TASKS	AM		PM	
_____	**12**		**12**	
_____	**1**		**1**	
_____	**2**		**2**	
_____	**3**		**3**	
_____	**4**		**4**	
_____	**5**		**5**	
TO DO	**6**		**6**	
_____	**7**		**7**	
_____	**8**		**8**	
_____	**9**		**9**	
_____	**10**		**10**	
_____	**11**		**11**	
_____	**WATER INTAKE - 1 2 3 4 5 6 7 8**			
_____				

Wednesday 10 February 2021

PRIORITY TASKS	AM		PM	
_____	12		12	
_____	1		1	
_____	2		2	
_____	3		3	
_____	4		4	
_____	5		5	
TO DO	6		6	
_____	7		7	
_____	8		8	
_____	9		9	
_____	10		10	
_____	11		11	
_____	WATER INTAKE - 1 2 3 4 5 6 7 8			

Thursday 11 February 2021

PRIORITY TASKS	AM		PM
_____	**12**	**12**	
_____	**1**	**1**	
_____	**2**	**2**	
_____	**3**	**3**	
_____	**4**	**4**	
_____	**5**	**5**	
TO DO	**6**	**6**	
_____	**7**	**7**	
_____	**8**	**8**	
_____	**9**	**9**	
_____	**10**	**10**	
_____	**11**	**11**	
_____	**WATER INTAKE - 1 2 3 4 5 6 7 8**		

Friday 12 February 2021

PRIORITY TASKS	AM		PM	
_____	**12**		**12**	
_____	**1**		**1**	
_____	**2**		**2**	
_____	**3**		**3**	
_____	**4**		**4**	
_____	**5**		**5**	
	6		**6**	
TO DO	**7**		**7**	
_____	**8**		**8**	
_____	**9**		**9**	
_____	**10**		**10**	
_____	**11**		**11**	
_____	**WATER INTAKE - 1 2 3 4 5 6 7 8**			
_____				

Saturday 13 February 2021

PRIORITY TASKS	AM		PM	
_____	12		12	
_____	1		1	
_____	2		2	
_____	3		3	
_____	4		4	
_____	5		5	
_____	6		6	
TO DO	7		7	
_____	8		8	
_____	9		9	
_____	10		10	
_____	11		11	
_____	WATER INTAKE - 1 2 3 4 5 6 7 8			

Sunday 14 February 2021

PRIORITY TASKS	AM		PM
_____	**12**	**12**	
_____	**1**	**1**	
_____	**2**	**2**	
_____	**3**	**3**	
_____	**4**	**4**	
_____	**5**	**5**	
	6	**6**	
TO DO	**7**	**7**	
_____	**8**	**8**	
_____	**9**	**9**	
_____	**10**	**10**	
_____	**11**	**11**	
_____	WATER INTAKE - 1 2 3 4 5 6 7 8		
_____			

Monday 15 February 2021

PRIORITY TASKS	AM		PM	
_____	12		12	
_____	1		1	
_____	2		2	
_____	3		3	
_____	4		4	
_____	5		5	
	6		6	
TO DO	7		7	
_____	8		8	
_____	9		9	
_____	10		10	
_____	11		11	
_____	WATER INTAKE - 1 2 3 4 5 6 7 8			

Tuesday 16 February 2021

PRIORITY TASKS	AM		PM
_____	**12**	**12**	
_____	**1**	**1**	
_____	**2**	**2**	
_____	**3**	**3**	
_____	**4**	**4**	
_____	**5**	**5**	
	6	**6**	
TO DO	**7**	**7**	
_____	**8**	**8**	
_____	**9**	**9**	
_____	**10**	**10**	
_____	**11**	**11**	
_____	**WATER INTAKE - 1 2 3 4 5 6 7 8**		

Wednesday 17 February 2021

PRIORITY TASKS	AM		PM	
_____	12		12	
_____	1		1	
_____	2		2	
_____	3		3	
_____	4		4	
_____	5		5	
TO DO	6		6	
_____	7		7	
_____	8		8	
_____	9		9	
_____	10		10	
_____	11		11	
_____	WATER INTAKE - 1 2 3 4 5 6 7 8			

Thursday 18 February 2021

PRIORITY TASKS		AM		PM
_____	12		12	
_____	1		1	
_____	2		2	
_____	3		3	
_____	4		4	
_____	5		5	
TO DO	6		6	
_____	7		7	
_____	8		8	
_____	9		9	
_____	10		10	
_____	11		11	
_____	WATER INTAKE - 1 2 3 4 5 6 7 8			

Friday 19 February 2021

PRIORITY TASKS	AM		PM	
_____	12		12	
_____	1		1	
_____	2		2	
_____	3		3	
_____	4		4	
_____	5		5	
TO DO	6		6	
_____	7		7	
_____	8		8	
_____	9		9	
_____	10		10	
_____	11		11	
_____	WATER INTAKE - 1 2 3 4 5 6 7 8			

Saturday 20 February 2021

PRIORITY TASKS	AM		PM
_____	12	12	
_____	1	1	
_____	2	2	
_____	3	3	
_____	4	4	
_____	5	5	
	6	6	
TO DO	7	7	
_____	8	8	
_____	9	9	
_____	10	10	
_____	11	11	
_____	WATER INTAKE - 1 2 3 4 5 6 7 8		

Sunday 21 February 2021

PRIORITY TASKS	AM		PM	
_____	**12**		**12**	
_____	**1**		**1**	
_____	**2**		**2**	
_____	**3**		**3**	
_____	**4**		**4**	
_____	**5**		**5**	
TO DO	**6**		**6**	
_____	**7**		**7**	
_____	**8**		**8**	
_____	**9**		**9**	
_____	**10**		**10**	
_____	**11**		**11**	
_____	**WATER INTAKE - 1 2 3 4 5 6 7 8**			

Monday 22 February 2021

PRIORITY TASKS	AM		PM	
_____	12		12	
_____	1		1	
_____	2		2	
_____	3		3	
_____	4		4	
_____	5		5	
TO DO	6		6	
_____	7		7	
_____	8		8	
_____	9		9	
_____	10		10	
_____	11		11	
_____	WATER INTAKE - 1 2 3 4 5 6 7 8			

Tuesday 23 February 2021

PRIORITY TASKS	AM		PM
_____	**12**	**12**	
_____	**1**	**1**	
_____	**2**	**2**	
_____	**3**	**3**	
_____	**4**	**4**	
_____	**5**	**5**	
	6	**6**	
TO DO	**7**	**7**	
_____	**8**	**8**	
_____	**9**	**9**	
_____	**10**	**10**	
_____	**11**	**11**	
_____	**WATER INTAKE - 1 2 3 4 5 6 7 8**		

Wednesday 24 February 2021

PRIORITY TASKS	AM		PM	
_____	12		12	
_____	1		1	
_____	2		2	
_____	3		3	
_____	4		4	
_____	5		5	
	6		6	
TO DO	7		7	
_____	8		8	
_____	9		9	
_____	10		10	
_____	11		11	
_____	WATER INTAKE - 1 2 3 4 5 6 7 8			
_____				

Thursday 25 February 2021

PRIORITY TASKS	AM		PM	
_____	12		12	
_____	1		1	
_____	2		2	
_____	3		3	
_____	4		4	
_____	5		5	
TO DO	6		6	
_____	7		7	
_____	8		8	
_____	9		9	
_____	10		10	
_____	11		11	
_____	WATER INTAKE - 1 2 3 4 5 6 7 8			

Friday 26 February 2021

PRIORITY TASKS	AM		PM	
_____	**12**		**12**	
_____	**1**		**1**	
_____	**2**		**2**	
_____	**3**		**3**	
_____	**4**		**4**	
_____	**5**		**5**	
	6		**6**	
TO DO	**7**		**7**	
_____	**8**		**8**	
_____	**9**		**9**	
_____	**10**		**10**	
_____	**11**		**11**	
_____	**WATER INTAKE - 1 2 3 4 5 6 7 8**			
_____				

Saturday 27 February 2021

PRIORITY TASKS	AM		PM	
_____	12		12	
_____	1		1	
_____	2		2	
_____	3		3	
_____	4		4	
_____	5		5	
	6		6	
TO DO	7		7	
_____	8		8	
_____	9		9	
_____	10		10	
_____	11		11	
_____	WATER INTAKE - 1 2 3 4 5 6 7 8			

Sunday 28 February 2021

PRIORITY TASKS	AM		PM
_____	12	12	
_____	1	1	
_____	2	2	
_____	3	3	
_____	4	4	
_____	5	5	
_____	6	6	
TO DO	7	7	
_____	8	8	
_____	9	9	
_____	10	10	
_____	11	11	
_____	WATER INTAKE - 1 2 3 4 5 6 7 8		

Monday 01 March 2021

PRIORITY TASKS	AM		PM	
_____	12		12	
_____	1		1	
_____	2		2	
_____	3		3	
_____	4		4	
_____	5		5	
	6		6	
TO DO	7		7	
_____	8		8	
_____	9		9	
_____	10		10	
_____	11		11	
_____	WATER INTAKE - 1 2 3 4 5 6 7 8			

Tuesday 02 March 2021

PRIORITY TASKS		AM			PM
_____	12		12		
_____	1		1		
_____	2		2		
_____	3		3		
_____	4		4		
_____	5		5		
TO DO	6		6		
_____	7		7		
_____	8		8		
_____	9		9		
_____	10		10		
_____	11		11		
_____	WATER INTAKE - 1 2 3 4 5 6 7 8				

Wednesday 03 March 2021

PRIORITY TASKS	AM		PM	
_____	12		12	
_____	1		1	
_____	2		2	
_____	3		3	
_____	4		4	
_____	5		5	
	6		6	
TO DO	7		7	
_____	8		8	
_____	9		9	
_____	10		10	
_____	11		11	
_____	WATER INTAKE - 1 2 3 4 5 6 7 8			

Thursday 04 March 2021

PRIORITY TASKS	AM		PM	
_____	12		12	
_____	1		1	
_____	2		2	
_____	3		3	
_____	4		4	
_____	5		5	
_____	6		6	
TO DO	7		7	
_____	8		8	
_____	9		9	
_____	10		10	
_____	11		11	
_____	WATER INTAKE - 1 2 3 4 5 6 7 8			
_____				

Friday 05 March 2021

PRIORITY TASKS	AM		PM	
_____	**12**		**12**	
_____	**1**		**1**	
_____	**2**		**2**	
_____	**3**		**3**	
_____	**4**		**4**	
_____	**5**		**5**	
	6		**6**	
TO DO				
_____	**7**		**7**	
_____	**8**		**8**	
_____	**9**		**9**	
_____	**10**		**10**	
_____	**11**		**11**	
_____	WATER INTAKE - 1 2 3 4 5 6 7 8			

Saturday 06 March 2021

PRIORITY TASKS	AM		PM
_____	12	12	
_____	1	1	
_____	2	2	
_____	3	3	
_____	4	4	
_____	5	5	
TO DO	6	6	
_____	7	7	
_____	8	8	
_____	9	9	
_____	10	10	
_____	11	11	
_____	WATER INTAKE - 1 2 3 4 5 6 7 8		

Sunday 07 March 2021

PRIORITY TASKS	AM		PM	
_____	**12**		**12**	
_____	**1**		**1**	
_____	**2**		**2**	
_____	**3**		**3**	
_____	**4**		**4**	
_____	**5**		**5**	
TO DO	**6**		**6**	
_____	**7**		**7**	
_____	**8**		**8**	
_____	**9**		**9**	
_____	**10**		**10**	
_____	**11**		**11**	
_____	WATER INTAKE - 1 2 3 4 5 6 7 8			

Monday 08 March 2021

PRIORITY TASKS	AM		PM	
_____	12		12	
_____	1		1	
_____	2		2	
_____	3		3	
_____	4		4	
_____	5		5	
TO DO	6		6	
_____	7		7	
_____	8		8	
_____	9		9	
_____	10		10	
_____	11		11	
_____	WATER INTAKE - 1 2 3 4 5 6 7 8			

Tuesday 09 March 2021

PRIORITY TASKS	AM		PM
_____	12	12	
_____	1	1	
_____	2	2	
_____	3	3	
_____	4	4	
_____	5	5	
	6	6	
TO DO	7	7	
_____	8	8	
_____	9	9	
_____	10	10	
_____	11	11	
_____	WATER INTAKE - 1 2 3 4 5 6 7 8		

Wednesday 10 March 2021

PRIORITY TASKS	AM		PM	
_____	12		12	
_____	1		1	
_____	2		2	
_____	3		3	
_____	4		4	
_____	5		5	
TO DO	6		6	
_____	7		7	
_____	8		8	
_____	9		9	
_____	10		10	
_____	11		11	
_____	WATER INTAKE - 1 2 3 4 5 6 7 8			

Thursday 11 March 2021

PRIORITY TASKS	AM		PM	
_____	12		12	
_____	1		1	
_____	2		2	
_____	3		3	
_____	4		4	
_____	5		5	
TO DO	6		6	
_____	7		7	
_____	8		8	
_____	9		9	
_____	10		10	
_____	11		11	
_____	WATER INTAKE - 1 2 3 4 5 6 7 8			

Friday 12 March 2021

PRIORITY TASKS		AM		PM
_____	**12**		**12**	
_____	**1**		**1**	
_____	**2**		**2**	
_____	**3**		**3**	
_____	**4**		**4**	
_____	**5**		**5**	
	6		**6**	
TO DO	**7**		**7**	
_____	**8**		**8**	
_____	**9**		**9**	
_____	**10**		**10**	
_____	**11**		**11**	
_____		WATER INTAKE - 1 2 3 4 5 6 7 8		
_____				

Saturday 13 March 2021

PRIORITY TASKS	AM		PM
_____	**12**		**12**
_____	**1**		**1**
_____	**2**		**2**
_____	**3**		**3**
_____	**4**		**4**
_____	**5**		**5**
TO DO	**6**		**6**
_____	**7**		**7**
_____	**8**		**8**
_____	**9**		**9**
_____	**10**		**10**
_____	**11**		**11**
_____	WATER INTAKE - 1 2 3 4 5 6 7 8		

Sunday 14 March 2021

PRIORITY TASKS	AM		PM
_____	12	12	
_____	1	1	
_____	2	2	
_____	3	3	
_____	4	4	
_____	5	5	
	6	6	
TO DO	7	7	
_____	8	8	
_____	9	9	
_____	10	10	
_____	11	11	
_____	WATER INTAKE - 1 2 3 4 5 6 7 8		

Monday 15 March 2021

PRIORITY TASKS	AM		PM
_____	12	12	
_____	1	1	
_____	2	2	
_____	3	3	
_____	4	4	
_____	5	5	
	6	6	
TO DO	7	7	
_____	8	8	
_____	9	9	
_____	10	10	
_____	11	11	
_____	WATER INTAKE - 1 2 3 4 5 6 7 8		

Tuesday 16 March 2021

PRIORITY TASKS	AM		PM	
_____	12		12	
_____	1		1	
_____	2		2	
_____	3		3	
_____	4		4	
_____	5		5	
_____	6		6	
TO DO	7		7	
_____	8		8	
_____	9		9	
_____	10		10	
_____	11		11	
_____	WATER INTAKE - 1 2 3 4 5 6 7 8			

Wednesday 17 March 2021

PRIORITY TASKS	AM		PM
_____	12	12	
_____	1	1	
_____	2	2	
_____	3	3	
_____	4	4	
_____	5	5	
TO DO	6	6	
_____	7	7	
_____	8	8	
_____	9	9	
_____	10	10	
_____	11	11	
_____	WATER INTAKE - 1 2 3 4 5 6 7 8		

Thursday 18 March 2021

PRIORITY TASKS	AM		PM
_____	12	12	
_____	1	1	
_____	2	2	
_____	3	3	
_____	4	4	
_____	5	5	
TO DO	6	6	
_____	7	7	
_____	8	8	
_____	9	9	
_____	10	10	
_____	11	11	
_____	WATER INTAKE - 1 2 3 4 5 6 7 8		

Friday 19 March 2021

PRIORITY TASKS	AM		PM
_____	**12**	**12**	
_____	**1**	**1**	
_____	**2**	**2**	
_____	**3**	**3**	
_____	**4**	**4**	
_____	**5**	**5**	
_____	**6**	**6**	
TO DO	**7**	**7**	
_____	**8**	**8**	
_____	**9**	**9**	
_____	**10**	**10**	
_____	**11**	**11**	
_____			
_____	**WATER INTAKE - 1 2 3 4 5 6 7 8**		

Saturday 20 March 2021

PRIORITY TASKS	AM		PM	
_____	12		12	
_____	1		1	
_____	2		2	
_____	3		3	
_____	4		4	
_____	5		5	
TO DO	6		6	
_____	7		7	
_____	8		8	
_____	9		9	
_____	10		10	
_____	11		11	
_____	WATER INTAKE - 1 2 3 4 5 6 7 8			

Sunday 21 March 2021

PRIORITY TASKS	AM		PM
_____	12	12	
_____	1	1	
_____	2	2	
_____	3	3	
_____	4	4	
_____	5	5	
TO DO	6	6	
_____	7	7	
_____	8	8	
_____	9	9	
_____	10	10	
_____	11	11	
_____	WATER INTAKE - 1 2 3 4 5 6 7 8		

Monday 22 March 2021

PRIORITY TASKS	AM		PM	
_____	12		12	
_____	1		1	
_____	2		2	
_____	3		3	
_____	4		4	
_____	5		5	
	6		6	
TO DO	7		7	
_____	8		8	
_____	9		9	
_____	10		10	
_____	11		11	
_____	WATER INTAKE - 1 2 3 4 5 6 7 8			
_____				

Tuesday 23 March 2021

PRIORITY TASKS	AM		PM
_____	12	12	
_____	1	1	
_____	2	2	
_____	3	3	
_____	4	4	
_____	5	5	
	6	6	
TO DO	7	7	
_____	8	8	
_____	9	9	
_____	10	10	
_____	11	11	
_____			
_____	**WATER INTAKE - 1 2 3 4 5 6 7 8**		

Wednesday 24 March 2021

PRIORITY TASKS	AM		PM	
_____	12		12	
_____	1		1	
_____	2		2	
_____	3		3	
_____	4		4	
_____	5		5	
TO DO	6		6	
_____	7		7	
_____	8		8	
_____	9		9	
_____	10		10	
_____	11		11	
_____	WATER INTAKE - 1 2 3 4 5 6 7 8			

Thursday 25 March 2021

PRIORITY TASKS	AM		PM	
_____	**12**		**12**	
_____	**1**		**1**	
_____	**2**		**2**	
_____	**3**		**3**	
_____	**4**		**4**	
_____	**5**		**5**	
	6		**6**	
TO DO	**7**		**7**	
_____	**8**		**8**	
_____	**9**		**9**	
_____	**10**		**10**	
_____	**11**		**11**	
_____	WATER INTAKE - 1 2 3 4 5 6 7 8			

Friday 26 March 2021

PRIORITY TASKS	AM		PM
_____	12	12	
_____	1	1	
_____	2	2	
_____	3	3	
_____	4	4	
_____	5	5	
	6	6	
TO DO	7	7	
_____	8	8	
_____	9	9	
_____	10	10	
_____	11	11	
_____	WATER INTAKE - 1 2 3 4 5 6 7 8		
_____			

Saturday 27 March 2021

PRIORITY TASKS	AM		PM
_____	12	12	
_____	1	1	
_____	2	2	
_____	3	3	
_____	4	4	
_____	5	5	
	6	6	
TO DO	7	7	
_____	8	8	
_____	9	9	
_____	10	10	
_____	11	11	
_____	WATER INTAKE - 1 2 3 4 5 6 7 8		

Sunday 28 March 2021

PRIORITY TASKS	AM		PM	
_____	12		12	
_____	1		1	
_____	2		2	
_____	3		3	
_____	4		4	
_____	5		5	
TO DO	6		6	
_____	7		7	
_____	8		8	
_____	9		9	
_____	10		10	
_____	11		11	
_____	WATER INTAKE - 1 2 3 4 5 6 7 8			

Monday 29 March 2021

PRIORITY TASKS	AM		PM
_____	12	12	
_____	1	1	
_____	2	2	
_____	3	3	
_____	4	4	
_____	5	5	
	6	6	
TO DO	7	7	
_____	8	8	
_____	9	9	
_____	10	10	
_____	11	11	
_____			

WATER INTAKE - 1 2 3 4 5 6 7 8

Tuesday 30 March 2021

PRIORITY TASKS		AM		PM
_____	12		12	
_____	1		1	
_____	2		2	
_____	3		3	
_____	4		4	
_____	5		5	
	6		6	
TO DO	7		7	
_____	8		8	
_____	9		9	
_____	10		10	
_____	11		11	
_____	WATER INTAKE - 1 2 3 4 5 6 7 8			

Wednesday 31 March 2021

PRIORITY TASKS	AM		PM	
_____	12		12	
_____	1		1	
_____	2		2	
_____	3		3	
_____	4		4	
_____	5		5	
	6		6	
TO DO	7		7	
_____	8		8	
_____	9		9	
_____	10		10	
_____	11		11	
_____	WATER INTAKE - 1 2 3 4 5 6 7 8			

Thursday 01 April 2021

PRIORITY TASKS	AM		PM
_____	**12**		**12**
_____	**1**		**1**
_____	**2**		**2**
_____	**3**		**3**
_____	**4**		**4**
_____	**5**		**5**
TO DO	**6**		**6**
_____	**7**		**7**
_____	**8**		**8**
_____	**9**		**9**
_____	**10**		**10**
_____	**11**		**11**
_____	**WATER INTAKE - 1 2 3 4 5 6 7 8**		

Friday 02 April 2021

PRIORITY TASKS	AM		PM
_____	**12**	**12**	
_____	**1**	**1**	
_____	**2**	**2**	
_____	**3**	**3**	
_____	**4**	**4**	
_____	**5**	**5**	
	6	**6**	
TO DO	**7**	**7**	
_____	**8**	**8**	
_____	**9**	**9**	
_____	**10**	**10**	
_____	**11**	**11**	
_____			

WATER INTAKE - 1 2 3 4 5 6 7 8

Saturday 03 April 2021

PRIORITY TASKS		AM		PM
_____	12		12	
_____	1		1	
_____	2		2	
_____	3		3	
_____	4		4	
_____	5		5	
	6		6	
TO DO	7		7	
_____	8		8	
_____	9		9	
_____	10		10	
_____	11		11	
_____	WATER INTAKE - 1 2 3 4 5 6 7 8			
_____				

Sunday 04 April 2021

PRIORITY TASKS	AM		PM
_____	**12**		**12**
_____	**1**		**1**
_____	**2**		**2**
_____	**3**		**3**
_____	**4**		**4**
_____	**5**		**5**
TO DO	**6**		**6**
_____	**7**		**7**
_____	**8**		**8**
_____	**9**		**9**
_____	**10**		**10**
_____	**11**		**11**
_____	**WATER INTAKE - 1 2 3 4 5 6 7 8**		

Monday 05 April 2021

PRIORITY TASKS	AM		PM	
_____	12		12	
_____	1		1	
_____	2		2	
_____	3		3	
_____	4		4	
_____	5		5	
TO DO	6		6	
_____	7		7	
_____	8		8	
_____	9		9	
_____	10		10	
_____	11		11	
_____	WATER INTAKE - 1 2 3 4 5 6 7 8			

Tuesday 06 April 2021

PRIORITY TASKS	AM		PM
_____	**12**	**12**	
_____	**1**	**1**	
_____	**2**	**2**	
_____	**3**	**3**	
_____	**4**	**4**	
_____	**5**	**5**	
TO DO	**6**	**6**	
_____	**7**	**7**	
_____	**8**	**8**	
_____	**9**	**9**	
_____	**10**	**10**	
_____	**11**	**11**	
_____	**WATER INTAKE - 1 2 3 4 5 6 7 8**		

Wednesday 07 April 2021

PRIORITY TASKS	AM		PM	
_____	12		12	
_____	1		1	
_____	2		2	
_____	3		3	
_____	4		4	
_____	5		5	
	6		6	
TO DO	7		7	
_____	8		8	
_____	9		9	
_____	10		10	
_____	11		11	
_____	WATER INTAKE - 1 2 3 4 5 6 7 8			
_____				

Thursday 08 April 2021

PRIORITY TASKS	AM		PM	
_____	12		12	
_____	1		1	
_____	2		2	
_____	3		3	
_____	4		4	
_____	5		5	
	6		6	
TO DO	7		7	
_____	8		8	
_____	9		9	
_____	10		10	
_____	11		11	
_____	WATER INTAKE - 1 2 3 4 5 6 7 8			

Friday 09 April 2021

PRIORITY TASKS	AM		PM
_____	**12**	**12**	
_____	**1**	**1**	
_____	**2**	**2**	
_____	**3**	**3**	
_____	**4**	**4**	
_____	**5**	**5**	
	6	**6**	
TO DO	**7**	**7**	
_____	**8**	**8**	
_____	**9**	**9**	
_____	**10**	**10**	
_____	**11**	**11**	
_____	WATER INTAKE - 1 2 3 4 5 6 7 8		
_____			

Saturday 10 April 2021

PRIORITY TASKS	AM		PM	
_____	12		12	
_____	1		1	
_____	2		2	
_____	3		3	
_____	4		4	
_____	5		5	
TO DO	6		6	
_____	7		7	
_____	8		8	
_____	9		9	
_____	10		10	
_____	11		11	
_____	WATER INTAKE - 1 2 3 4 5 6 7 8			

Sunday 11 April 2021

PRIORITY TASKS	AM		PM	
_____	12		12	
_____	1		1	
_____	2		2	
_____	3		3	
_____	4		4	
_____	5		5	
	6		6	
TO DO	7		7	
_____	8		8	
_____	9		9	
_____	10		10	
_____	11		11	
_____	WATER INTAKE - 1 2 3 4 5 6 7 8			

Monday 12 April 2021

PRIORITY TASKS	AM		PM	
_____	**12**		**12**	
_____	**1**		**1**	
_____	**2**		**2**	
_____	**3**		**3**	
_____	**4**		**4**	
_____	**5**		**5**	
	6		**6**	
TO DO	**7**		**7**	
_____	**8**		**8**	
_____	**9**		**9**	
_____	**10**		**10**	
_____	**11**		**11**	
_____	WATER INTAKE - 1 2 3 4 5 6 7 8			

Tuesday 13 April 2021

PRIORITY TASKS	AM		PM
_____	12	12	
_____	1	1	
_____	2	2	
_____	3	3	
_____	4	4	
_____	5	5	
	6	6	
TO DO	7	7	
_____	8	8	
_____	9	9	
_____	10	10	
_____	11	11	
_____	WATER INTAKE - 1 2 3 4 5 6 7 8		

Wednesday 14 April 2021

PRIORITY TASKS	AM		PM
_____	**12**	**12**	
_____	**1**	**1**	
_____	**2**	**2**	
_____	**3**	**3**	
_____	**4**	**4**	
_____	**5**	**5**	
TO DO	**6**	**6**	
_____	**7**	**7**	
_____	**8**	**8**	
_____	**9**	**9**	
_____	**10**	**10**	
_____	**11**	**11**	
_____	**WATER INTAKE - 1 2 3 4 5 6 7 8**		

Thursday 15 April 2021

PRIORITY TASKS	AM		PM
_____	**12**	**12**	
_____	**1**	**1**	
_____	**2**	**2**	
_____	**3**	**3**	
_____	**4**	**4**	
_____	**5**	**5**	
TO DO	**6**	**6**	
_____	**7**	**7**	
_____	**8**	**8**	
_____	**9**	**9**	
_____	**10**	**10**	
_____	**11**	**11**	
_____	WATER INTAKE - 1 2 3 4 5 6 7 8		
_____			

Friday 16 April 2021

PRIORITY TASKS	AM		PM
_____	**12**	**12**	
_____	**1**	**1**	
_____	**2**	**2**	
_____	**3**	**3**	
_____	**4**	**4**	
_____	**5**	**5**	
	6	**6**	
TO DO	**7**	**7**	
_____	**8**	**8**	
_____	**9**	**9**	
_____	**10**	**10**	
_____	**11**	**11**	
_____			

WATER INTAKE - 1 2 3 4 5 6 7 8

Saturday 17 April 2021

PRIORITY TASKS	AM		PM	
_____	12		12	
_____	1		1	
_____	2		2	
_____	3		3	
_____	4		4	
_____	5		5	
TO DO	6		6	
_____	7		7	
_____	8		8	
_____	9		9	
_____	10		10	
_____	11		11	
_____	WATER INTAKE - 1 2 3 4 5 6 7 8			

Sunday 18 April 2021

PRIORITY TASKS	AM		PM	
_____	**12**		**12**	
_____	**1**		**1**	
_____	**2**		**2**	
_____	**3**		**3**	
_____	**4**		**4**	
_____	**5**		**5**	
	6		**6**	
TO DO	**7**		**7**	
_____	**8**		**8**	
_____	**9**		**9**	
_____	**10**		**10**	
_____	**11**		**11**	
_____	**WATER INTAKE - 1 2 3 4 5 6 7 8**			

Monday 19 April 2021

PRIORITY TASKS	AM		PM	
_____	12		12	
_____	1		1	
_____	2		2	
_____	3		3	
_____	4		4	
_____	5		5	
	6		6	
TO DO	7		7	
_____	8		8	
_____	9		9	
_____	10		10	
_____	11		11	
_____	WATER INTAKE - 1 2 3 4 5 6 7 8			

Tuesday 20 April 2021

PRIORITY TASKS	AM		PM	
_____	12		12	
_____	1		1	
_____	2		2	
_____	3		3	
_____	4		4	
_____	5		5	
	6		6	
TO DO	7		7	
_____	8		8	
_____	9		9	
_____	10		10	
_____	11		11	
_____	**WATER INTAKE - 1 2 3 4 5 6 7 8**			
_____				

Wednesday 21 April 2021

PRIORITY TASKS		AM		PM
_____	12		12	
_____	1		1	
_____	2		2	
_____	3		3	
_____	4		4	
_____	5		5	
TO DO	6		6	
_____	7		7	
_____	8		8	
_____	9		9	
_____	10		10	
_____	11		11	
_____		**WATER INTAKE - 1 2 3 4 5 6 7 8**		
_____				

Thursday 22 April 2021

PRIORITY TASKS	AM		PM	
_____	12		12	
_____	1		1	
_____	2		2	
_____	3		3	
_____	4		4	
_____	5		5	
	6		6	
TO DO	7		7	
_____	8		8	
_____	9		9	
_____	10		10	
_____	11		11	
_____	WATER INTAKE - 1 2 3 4 5 6 7 8			

Friday 23 April 2021

PRIORITY TASKS	AM		PM	
_____	**12**		**12**	
_____	**1**		**1**	
_____	**2**		**2**	
_____	**3**		**3**	
_____	**4**		**4**	
_____	**5**		**5**	
TO DO	**6**		**6**	
_____	**7**		**7**	
_____	**8**		**8**	
_____	**9**		**9**	
_____	**10**		**10**	
_____	**11**		**11**	
_____	**WATER INTAKE - 1 2 3 4 5 6 7 8**			
_____				

Saturday 24 April 2021

PRIORITY TASKS	AM		PM	
_____	**12**		**12**	
_____	**1**		**1**	
_____	**2**		**2**	
_____	**3**		**3**	
_____	**4**		**4**	
_____	**5**		**5**	
TO DO	**6**		**6**	
_____	**7**		**7**	
_____	**8**		**8**	
_____	**9**		**9**	
_____	**10**		**10**	
_____	**11**		**11**	
_____	**WATER INTAKE - 1 2 3 4 5 6 7 8**			

Sunday 25 April 2021

PRIORITY TASKS

_____

_____

_____

_____

_____

_____

TO DO

_____

_____

_____

_____

_____

_____

AM		PM	
12		12	
1		1	
2		2	
3		3	
4		4	
5		5	
6		6	
7		7	
8		8	
9		9	
10		10	
11		11	

WATER INTAKE - 1 2 3 4 5 6 7 8

Monday 26 April 2021

PRIORITY TASKS	AM		PM	
_____	**12**		**12**	
_____	**1**		**1**	
_____	**2**		**2**	
_____	**3**		**3**	
_____	**4**		**4**	
_____	**5**		**5**	
	6		**6**	
TO DO	**7**		**7**	
_____	**8**		**8**	
_____	**9**		**9**	
_____	**10**		**10**	
_____	**11**		**11**	
_____	**WATER INTAKE - 1 2 3 4 5 6 7 8**			

Tuesday 27 April 2021

PRIORITY TASKS	AM		PM
_____	**12**	**12**	
_____	**1**	**1**	
_____	**2**	**2**	
_____	**3**	**3**	
_____	**4**	**4**	
_____	**5**	**5**	
	6	**6**	
TO DO	**7**	**7**	
_____	**8**	**8**	
_____	**9**	**9**	
_____	**10**	**10**	
_____	**11**	**11**	
_____	**WATER INTAKE - 1 2 3 4 5 6 7 8**		
_____			

Wednesday 28 April 2021

PRIORITY TASKS	AM		PM
_____	**12**	**12**	
_____	**1**	**1**	
_____	**2**	**2**	
_____	**3**	**3**	
_____	**4**	**4**	
_____	**5**	**5**	
	6	**6**	
TO DO	**7**	**7**	
_____	**8**	**8**	
_____	**9**	**9**	
_____	**10**	**10**	
_____	**11**	**11**	
_____	WATER INTAKE - 1 2 3 4 5 6 7 8		
_____			

Thursday 29 April 2021

PRIORITY TASKS	AM		PM
_____	**12**	**12**	
_____	**1**	**1**	
_____	**2**	**2**	
_____	**3**	**3**	
_____	**4**	**4**	
_____	**5**	**5**	
	6	**6**	
TO DO	**7**	**7**	
_____	**8**	**8**	
_____	**9**	**9**	
_____	**10**	**10**	
_____	**11**	**11**	
_____	WATER INTAKE - 1 2 3 4 5 6 7 8		
_____			

Friday 30 April 2021

PRIORITY TASKS		AM		PM
_____	12		12	
_____	1		1	
_____	2		2	
_____	3		3	
_____	4		4	
_____	5		5	
	6		6	
TO DO	7		7	
_____	8		8	
_____	9		9	
_____	10		10	
_____	11		11	
_____	WATER INTAKE - 1 2 3 4 5 6 7 8			

Saturday 01 May 2021

PRIORITY TASKS	AM		PM	
_____	**12**		**12**	
_____	**1**		**1**	
_____	**2**		**2**	
_____	**3**		**3**	
_____	**4**		**4**	
_____	**5**		**5**	
	6		**6**	
TO DO	**7**		**7**	
_____	**8**		**8**	
_____	**9**		**9**	
_____	**10**		**10**	
_____	**11**		**11**	
_____	WATER INTAKE - 1 2 3 4 5 6 7 8			
_____				

Sunday 02 May 2021

PRIORITY TASKS	AM		PM	
_____	12		12	
_____	1		1	
_____	2		2	
_____	3		3	
_____	4		4	
_____	5		5	
TO DO	6		6	
_____	7		7	
_____	8		8	
_____	9		9	
_____	10		10	
_____	11		11	
_____	WATER INTAKE - 1 2 3 4 5 6 7 8			

Monday 03 May 2021

PRIORITY TASKS	AM		PM
_____	12	12	
_____	1	1	
_____	2	2	
_____	3	3	
_____	4	4	
_____	5	5	
TO DO	6	6	
_____	7	7	
_____	8	8	
_____	9	9	
_____	10	10	
_____	11	11	
_____	WATER INTAKE - 1 2 3 4 5 6 7 8		

Tuesday 04 May 2021

PRIORITY TASKS	AM		PM	
_____	12		12	
_____	1		1	
_____	2		2	
_____	3		3	
_____	4		4	
_____	5		5	
_____	6		6	
TO DO	7		7	
_____	8		8	
_____	9		9	
_____	10		10	
_____	11		11	
_____	WATER INTAKE - 1 2 3 4 5 6 7 8			

Wednesday 05 May 2021

PRIORITY TASKS	AM		PM
_____	12	12	
_____	1	1	
_____	2	2	
_____	3	3	
_____	4	4	
_____	5	5	
	6	6	
TO DO	7	7	
_____	8	8	
_____	9	9	
_____	10	10	
_____	11	11	
_____	WATER INTAKE - 1 2 3 4 5 6 7 8		

Thursday 06 May 2021

PRIORITY TASKS	AM		PM	
_____	**12**		**12**	
_____	**1**		**1**	
_____	**2**		**2**	
_____	**3**		**3**	
_____	**4**		**4**	
_____	**5**		**5**	
TO DO	**6**		**6**	
_____	**7**		**7**	
_____	**8**		**8**	
_____	**9**		**9**	
_____	**10**		**10**	
_____	**11**		**11**	
_____	**WATER INTAKE - 1 2 3 4 5 6 7 8**			

Friday 07 May 2021

PRIORITY TASKS	AM		PM
_____	12	12	
_____	1	1	
_____	2	2	
_____	3	3	
_____	4	4	
_____	5	5	
	6	6	
TO DO	7	7	
_____	8	8	
_____	9	9	
_____	10	10	
_____	11	11	
_____	**WATER INTAKE - 1 2 3 4 5 6 7 8**		
_____			

Saturday 08 May 2021

PRIORITY TASKS	AM		PM
_____	**12**	**12**	
_____	**1**	**1**	
_____	**2**	**2**	
_____	**3**	**3**	
_____	**4**	**4**	
_____	**5**	**5**	
TO DO	**6**	**6**	
_____	**7**	**7**	
_____	**8**	**8**	
_____	**9**	**9**	
_____	**10**	**10**	
_____	**11**	**11**	
_____	**WATER INTAKE - 1 2 3 4 5 6 7 8**		

Sunday 09 May 2021

PRIORITY TASKS	AM		PM
_____	**12**	**12**	
_____	**1**	**1**	
_____	**2**	**2**	
_____	**3**	**3**	
_____	**4**	**4**	
_____	**5**	**5**	
TO DO	**6**	**6**	
_____	**7**	**7**	
_____	**8**	**8**	
_____	**9**	**9**	
_____	**10**	**10**	
_____	**11**	**11**	
_____	**WATER INTAKE - 1 2 3 4 5 6 7 8**		
_____			

Monday 10 May 2021

PRIORITY TASKS	AM		PM
_____	12	12	
_____	1	1	
_____	2	2	
_____	3	3	
_____	4	4	
_____	5	5	
TO DO	6	6	
_____	7	7	
_____	8	8	
_____	9	9	
_____	10	10	
_____	11	11	
_____	WATER INTAKE - 1 2 3 4 5 6 7 8		

Tuesday 11 May 2021

PRIORITY TASKS		AM		PM
_____	12		12	
_____	1		1	
_____	2		2	
_____	3		3	
_____	4		4	
_____	5		5	
	6		6	
TO DO	7		7	
_____	8		8	
_____	9		9	
_____	10		10	
_____	11		11	
_____	WATER INTAKE - 1 2 3 4 5 6 7 8			
_____				

Wednesday 12 May 2021

PRIORITY TASKS	AM		PM
_____	**12**	**12**	
_____	**1**	**1**	
_____	**2**	**2**	
_____	**3**	**3**	
_____	**4**	**4**	
_____	**5**	**5**	
TO DO	**6**	**6**	
_____	**7**	**7**	
_____	**8**	**8**	
_____	**9**	**9**	
_____	**10**	**10**	
_____	**11**	**11**	
_____	**WATER INTAKE - 1 2 3 4 5 6 7 8**		

Thursday 13 May 2021

PRIORITY TASKS	AM		PM	
_____	12		12	
_____	1		1	
_____	2		2	
_____	3		3	
_____	4		4	
_____	5		5	
TO DO	6		6	
_____	7		7	
_____	8		8	
_____	9		9	
_____	10		10	
_____	11		11	
_____	WATER INTAKE - 1 2 3 4 5 6 7 8			
_____				

Friday 14 May 2021

PRIORITY TASKS	AM		PM	
_____	**12**		**12**	
_____	**1**		**1**	
_____	**2**		**2**	
_____	**3**		**3**	
_____	**4**		**4**	
_____	**5**		**5**	
TO DO	**6**		**6**	
_____	**7**		**7**	
_____	**8**		**8**	
_____	**9**		**9**	
_____	**10**		**10**	
_____	**11**		**11**	
_____	**WATER INTAKE - 1 2 3 4 5 6 7 8**			

Saturday 15 May 2021

PRIORITY TASKS	AM		PM	
_____	12		12	
_____	1		1	
_____	2		2	
_____	3		3	
_____	4		4	
_____	5		5	
	6		6	
TO DO	7		7	
_____	8		8	
_____	9		9	
_____	10		10	
_____	11		11	
_____	WATER INTAKE - 1 2 3 4 5 6 7 8			

Sunday 16 May 2021

PRIORITY TASKS

	AM		PM
12		12	
1		1	
2		2	
3		3	
4		4	
5		5	
6		6	
7		7	
8		8	
9		9	
10		10	
11		11	

TO DO

WATER INTAKE - 1 2 3 4 5 6 7 8

Monday 17 May 2021

PRIORITY TASKS	AM		PM
_____	12	12	
_____	1	1	
_____	2	2	
_____	3	3	
_____	4	4	
_____	5	5	
TO DO	6	6	
_____	7	7	
_____	8	8	
_____	9	9	
_____	10	10	
_____	11	11	
_____	WATER INTAKE - 1 2 3 4 5 6 7 8		

Tuesday 18 May 2021

PRIORITY TASKS		AM		PM
_____	**12**		**12**	
_____	**1**		**1**	
_____	**2**		**2**	
_____	**3**		**3**	
_____	**4**		**4**	
_____	**5**		**5**	
TO DO	**6**		**6**	
_____	**7**		**7**	
_____	**8**		**8**	
_____	**9**		**9**	
_____	**10**		**10**	
_____	**11**		**11**	
_____		**WATER INTAKE - 1 2 3 4 5 6 7 8**		

Wednesday 19 May 2021

PRIORITY TASKS	AM		PM	
_____	12		12	
_____	1		1	
_____	2		2	
_____	3		3	
_____	4		4	
_____	5		5	
TO DO	6		6	
_____	7		7	
_____	8		8	
_____	9		9	
_____	10		10	
_____	11		11	
_____	WATER INTAKE - 1 2 3 4 5 6 7 8			

Thursday 20 May 2021

PRIORITY TASKS	AM		PM
_____	12	12	
_____	1	1	
_____	2	2	
_____	3	3	
_____	4	4	
_____	5	5	
	6	6	
TO DO	7	7	
_____	8	8	
_____	9	9	
_____	10	10	
_____	11	11	
_____			

WATER INTAKE - 1 2 3 4 5 6 7 8

Friday 21 May 2021

PRIORITY TASKS	AM		PM
_____	12	12	
_____	1	1	
_____	2	2	
_____	3	3	
_____	4	4	
_____	5	5	
TO DO	6	6	
_____	7	7	
_____	8	8	
_____	9	9	
_____	10	10	
_____	11	11	
_____	WATER INTAKE - 1 2 3 4 5 6 7 8		
_____			

Saturday 22 May 2021

PRIORITY TASKS	AM		PM	
_____	12		12	
_____	1		1	
_____	2		2	
_____	3		3	
_____	4		4	
_____	5		5	
	6		6	
TO DO				
_____	7		7	
_____	8		8	
_____	9		9	
_____	10		10	
_____	11		11	
_____	WATER INTAKE - 1 2 3 4 5 6 7 8			

Sunday 23 May 2021

PRIORITY TASKS	AM		PM
_____	12	12	
_____	1	1	
_____	2	2	
_____	3	3	
_____	4	4	
_____	5	5	
TO DO	6	6	
_____	7	7	
_____	8	8	
_____	9	9	
_____	10	10	
_____	11	11	
_____	WATER INTAKE - 1 2 3 4 5 6 7 8		

Monday 24 May 2021

PRIORITY TASKS	AM		PM
_____	**12**	**12**	
_____	**1**	**1**	
_____	**2**	**2**	
_____	**3**	**3**	
_____	**4**	**4**	
_____	**5**	**5**	
TO DO	**6**	**6**	
_____	**7**	**7**	
_____	**8**	**8**	
_____	**9**	**9**	
_____	**10**	**10**	
_____	**11**	**11**	
_____	**WATER INTAKE - 1 2 3 4 5 6 7 8**		

Tuesday 25 May 2021

PRIORITY TASKS	AM		PM
_____	12	12	
_____	1	1	
_____	2	2	
_____	3	3	
_____	4	4	
_____	5	5	
	6	6	
TO DO	7	7	
_____	8	8	
_____	9	9	
_____	10	10	
_____	11	11	
_____	WATER INTAKE - 1 2 3 4 5 6 7 8		
_____			

Wednesday 26 May 2021

PRIORITY TASKS	AM		PM	
_____	12		12	
_____	1		1	
_____	2		2	
_____	3		3	
_____	4		4	
_____	5		5	
	6		6	
TO DO	7		7	
_____	8		8	
_____	9		9	
_____	10		10	
_____	11		11	
_____	**WATER INTAKE - 1 2 3 4 5 6 7 8**			

Thursday 27 May 2021

PRIORITY TASKS	AM		PM	
_____	**12**		**12**	
_____	**1**		**1**	
_____	**2**		**2**	
_____	**3**		**3**	
_____	**4**		**4**	
_____	**5**		**5**	
	6		**6**	
TO DO	**7**		**7**	
_____	**8**		**8**	
_____	**9**		**9**	
_____	**10**		**10**	
_____	**11**		**11**	
_____	**WATER INTAKE - 1 2 3 4 5 6 7 8**			

Friday 28 May 2021

PRIORITY TASKS

_____

_____

_____

_____

_____

_____

TO DO

_____

_____

_____

_____

_____

_____

_____

AM		PM	
12		12	
1		1	
2		2	
3		3	
4		4	
5		5	
6		6	
7		7	
8		8	
9		9	
10		10	
11		11	

WATER INTAKE - 1 2 3 4 5 6 7 8

Saturday 29 May 2021

PRIORITY TASKS	AM			PM
_____	**12**		**12**	
_____	**1**		**1**	
_____	**2**		**2**	
_____	**3**		**3**	
_____	**4**		**4**	
_____	**5**		**5**	
	6		**6**	
TO DO	**7**		**7**	
_____	**8**		**8**	
_____	**9**		**9**	
_____	**10**		**10**	
_____	**11**		**11**	
_____	**WATER INTAKE - 1 2 3 4 5 6 7 8**			
_____				

Sunday 30 May 2021

PRIORITY TASKS	AM		PM	
_____	**12**		**12**	
_____	**1**		**1**	
_____	**2**		**2**	
_____	**3**		**3**	
_____	**4**		**4**	
_____	**5**		**5**	
_____	**6**		**6**	
TO DO	**7**		**7**	
_____	**8**		**8**	
_____	**9**		**9**	
_____	**10**		**10**	
_____	**11**		**11**	
_____	WATER INTAKE - 1 2 3 4 5 6 7 8			
_____				

Monday 31 May 2021

PRIORITY TASKS	AM		PM	
_____	12		12	
_____	1		1	
_____	2		2	
_____	3		3	
_____	4		4	
_____	5		5	
	6		6	
TO DO	7		7	
_____	8		8	
_____	9		9	
_____	10		10	
_____	11		11	
_____	WATER INTAKE - 1 2 3 4 5 6 7 8			
_____				

Tuesday 01 June 2021

PRIORITY TASKS		AM		PM
_____	12		12	
_____	1		1	
_____	2		2	
_____	3		3	
_____	4		4	
_____	5		5	
TO DO	6		6	
_____	7		7	
_____	8		8	
_____	9		9	
_____	10		10	
_____	11		11	
_____	WATER INTAKE - 1 2 3 4 5 6 7 8			

Wednesday 02 June 2021

PRIORITY TASKS	AM		PM	
_____	**12**		**12**	
_____	**1**		**1**	
_____	**2**		**2**	
_____	**3**		**3**	
_____	**4**		**4**	
_____	**5**		**5**	
_____	**6**		**6**	
TO DO	**7**		**7**	
_____	**8**		**8**	
_____	**9**		**9**	
_____	**10**		**10**	
_____	**11**		**11**	
_____	**WATER INTAKE - 1 2 3 4 5 6 7 8**			
_____				

Thursday 03 June 2021

PRIORITY TASKS	AM		PM	
_____	**12**		**12**	
_____	**1**		**1**	
_____	**2**		**2**	
_____	**3**		**3**	
_____	**4**		**4**	
_____	**5**		**5**	
	6		**6**	
TO DO	**7**		**7**	
_____	**8**		**8**	
_____	**9**		**9**	
_____	**10**		**10**	
_____	**11**		**11**	
_____	**WATER INTAKE - 1 2 3 4 5 6 7 8**			
_____				

Friday 04 June 2021

PRIORITY TASKS		AM		PM
_____	12		12	
_____	1		1	
_____	2		2	
_____	3		3	
_____	4		4	
_____	5		5	
	6		6	
TO DO	7		7	
_____	8		8	
_____	9		9	
_____	10		10	
_____	11		11	
_____	WATER INTAKE - 1 2 3 4 5 6 7 8			

WATER INTAKE - 1 2 3 4 5 6 7 8

Saturday 05 June 2021

PRIORITY TASKS	AM		PM
_____	12	12	
_____	1	1	
_____	2	2	
_____	3	3	
_____	4	4	
_____	5	5	
TO DO	6	6	
_____	7	7	
_____	8	8	
_____	9	9	
_____	10	10	
_____	11	11	
_____	WATER INTAKE - 1 2 3 4 5 6 7 8		

Sunday 06 June 2021

PRIORITY TASKS		AM		PM
_____	12		12	
_____	1		1	
_____	2		2	
_____	3		3	
_____	4		4	
_____	5		5	
	6		6	
TO DO	7		7	
_____	8		8	
_____	9		9	
_____	10		10	
_____	11		11	
_____	**WATER INTAKE - 1 2 3 4 5 6 7 8**			
_____				

Monday 07 June 2021

PRIORITY TASKS		AM		PM
_____	**12**		**12**	
_____	**1**		**1**	
_____	**2**		**2**	
_____	**3**		**3**	
_____	**4**		**4**	
_____	**5**		**5**	
TO DO	**6**		**6**	
_____	**7**		**7**	
_____	**8**		**8**	
_____	**9**		**9**	
_____	**10**		**10**	
_____	**11**		**11**	
_____	**WATER INTAKE - 1 2 3 4 5 6 7 8**			

Tuesday 08 June 2021

PRIORITY TASKS	AM		PM
_____	12	12	
_____	1	1	
_____	2	2	
_____	3	3	
_____	4	4	
_____	5	5	
TO DO	6	6	
_____	7	7	
_____	8	8	
_____	9	9	
_____	10	10	
_____	11	11	
_____	WATER INTAKE - 1 2 3 4 5 6 7 8		

Wednesday 09 June 2021

PRIORITY TASKS	AM		PM
_____	12	12	
_____	1	1	
_____	2	2	
_____	3	3	
_____	4	4	
_____	5	5	
	6	6	
TO DO	7	7	
_____	8	8	
_____	9	9	
_____	10	10	
_____	11	11	
_____	WATER INTAKE - 1 2 3 4 5 6 7 8		
_____			

Thursday 10 June 2021

PRIORITY TASKS	AM		PM	
_____	12		12	
_____	1		1	
_____	2		2	
_____	3		3	
_____	4		4	
_____	5		5	
	6		6	
TO DO	7		7	
_____	8		8	
_____	9		9	
_____	10		10	
_____	11		11	
_____	WATER INTAKE - 1 2 3 4 5 6 7 8			
_____				

Friday 11 June 2021

PRIORITY TASKS	AM		PM
_____	**12**	**12**	
_____	**1**	**1**	
_____	**2**	**2**	
_____	**3**	**3**	
_____	**4**	**4**	
_____	**5**	**5**	
	6	**6**	
TO DO	**7**	**7**	
_____	**8**	**8**	
_____	**9**	**9**	
_____	**10**	**10**	
_____	**11**	**11**	
_____	WATER INTAKE - 1 2 3 4 5 6 7 8		
_____			

Saturday 12 June 2021

PRIORITY TASKS	AM		PM	
_____	12		12	
_____	1		1	
_____	2		2	
_____	3		3	
_____	4		4	
_____	5		5	
TO DO	6		6	
_____	7		7	
_____	8		8	
_____	9		9	
_____	10		10	
_____	11		11	
_____	WATER INTAKE - 1 2 3 4 5 6 7 8			
_____				

Sunday 13 June 2021

PRIORITY TASKS	AM		PM	
_____	12		12	
_____	1		1	
_____	2		2	
_____	3		3	
_____	4		4	
_____	5		5	
	6		6	
TO DO	7		7	
_____	8		8	
_____	9		9	
_____	10		10	
_____	11		11	
_____	WATER INTAKE - 1 2 3 4 5 6 7 8			

Monday 14 June 2021

PRIORITY TASKS		AM		PM
_____	12		12	
_____	1		1	
_____	2		2	
_____	3		3	
_____	4		4	
_____	5		5	
TO DO	6		6	
_____	7		7	
_____	8		8	
_____	9		9	
_____	10		10	
_____	11		11	
_____	WATER INTAKE - 1 2 3 4 5 6 7 8			

Tuesday 15 June 2021

PRIORITY TASKS	AM		PM	
_____	12		12	
_____	1		1	
_____	2		2	
_____	3		3	
_____	4		4	
_____	5		5	
TO DO	6		6	
_____	7		7	
_____	8		8	
_____	9		9	
_____	10		10	
_____	11		11	
_____	WATER INTAKE - 1 2 3 4 5 6 7 8			

Wednesday 16 June 2021

PRIORITY TASKS	AM		PM

PRIORITY TASKS

_____

_____

_____

_____

_____

_____

TO DO

_____

_____

_____

_____

_____

_____

	AM		PM
12		**12**	
1		**1**	
2		**2**	
3		**3**	
4		**4**	
5		**5**	
6		**6**	
7		**7**	
8		**8**	
9		**9**	
10		**10**	
11		**11**	

WATER INTAKE - 1 2 3 4 5 6 7 8

Thursday 17 June 2021

PRIORITY TASKS	AM		PM
_____	**12**	**12**	
_____	**1**	**1**	
_____	**2**	**2**	
_____	**3**	**3**	
_____	**4**	**4**	
_____	**5**	**5**	
TO DO	**6**	**6**	
_____	**7**	**7**	
_____	**8**	**8**	
_____	**9**	**9**	
_____	**10**	**10**	
_____	**11**	**11**	
_____	WATER INTAKE - 1 2 3 4 5 6 7 8		
_____			

Friday 18 June 2021

PRIORITY TASKS	AM		PM
_____	12	12	
_____	1	1	
_____	2	2	
_____	3	3	
_____	4	4	
_____	5	5	
TO DO	6	6	
_____	7	7	
_____	8	8	
_____	9	9	
_____	10	10	
_____	11	11	
_____	WATER INTAKE - 1 2 3 4 5 6 7 8		

Saturday 19 June 2021

PRIORITY TASKS	AM		PM	
_____	12		12	
_____	1		1	
_____	2		2	
_____	3		3	
_____	4		4	
_____	5		5	
TO DO	6		6	
_____	7		7	
_____	8		8	
_____	9		9	
_____	10		10	
_____	11		11	
_____	WATER INTAKE - 1 2 3 4 5 6 7 8			

Sunday 20 June 2021

PRIORITY TASKS	AM		PM	
_____	12		12	
_____	1		1	
_____	2		2	
_____	3		3	
_____	4		4	
_____	5		5	
	6		6	
TO DO	7		7	
_____	8		8	
_____	9		9	
_____	10		10	
_____	11		11	
_____	WATER INTAKE - 1 2 3 4 5 6 7 8			

Monday 21 June 2021

PRIORITY TASKS	AM		PM
_____	**12**	**12**	
_____	**1**	**1**	
_____	**2**	**2**	
_____	**3**	**3**	
_____	**4**	**4**	
_____	**5**	**5**	
TO DO	**6**	**6**	
_____	**7**	**7**	
_____	**8**	**8**	
_____	**9**	**9**	
_____	**10**	**10**	
_____	**11**	**11**	
_____	WATER INTAKE - 1 2 3 4 5 6 7 8		

Tuesday 22 June 2021

PRIORITY TASKS	AM		PM
_____	**12**		**12**
_____	**1**		**1**
_____	**2**		**2**
_____	**3**		**3**
_____	**4**		**4**
_____	**5**		**5**
TO DO	**6**		**6**
_____	**7**		**7**
_____	**8**		**8**
_____	**9**		**9**
_____	**10**		**10**
_____	**11**		**11**
_____	**WATER INTAKE - 1 2 3 4 5 6 7 8**		

Wednesday 23 June 2021

PRIORITY TASKS	AM		PM
_____	12	12	
_____	1	1	
_____	2	2	
_____	3	3	
_____	4	4	
_____	5	5	
TO DO	6	6	
_____	7	7	
_____	8	8	
_____	9	9	
_____	10	10	
_____	11	11	
_____	WATER INTAKE - 1 2 3 4 5 6 7 8		

Thursday 24 June 2021

PRIORITY TASKS	AM		PM	
_____	12		12	
_____	1		1	
_____	2		2	
_____	3		3	
_____	4		4	
_____	5		5	
TO DO	6		6	
_____	7		7	
_____	8		8	
_____	9		9	
_____	10		10	
_____	11		11	
_____	WATER INTAKE - 1 2 3 4 5 6 7 8			

Friday 25 June 2021

PRIORITY TASKS

_____

_____

_____

_____

_____

_____

TO DO

_____

_____

_____

_____

_____

_____

_____

AM		PM	
12		12	
1		1	
2		2	
3		3	
4		4	
5		5	
6		6	
7		7	
8		8	
9		9	
10		10	
11		11	

WATER INTAKE - 1 2 3 4 5 6 7 8

Saturday 26 June 2021

PRIORITY TASKS	AM		PM	
_____	12		12	
_____	1		1	
_____	2		2	
_____	3		3	
_____	4		4	
_____	5		5	
	6		6	
TO DO	7		7	
_____	8		8	
_____	9		9	
_____	10		10	
_____	11		11	
_____	**WATER INTAKE - 1 2 3 4 5 6 7 8**			
_____				

Sunday 27 June 2021

PRIORITY TASKS	AM		PM
_____	12	12	
_____	1	1	
_____	2	2	
_____	3	3	
_____	4	4	
_____	5	5	
TO DO	6	6	
_____	7	7	
_____	8	8	
_____	9	9	
_____	10	10	
_____	11	11	
_____	WATER INTAKE - 1 2 3 4 5 6 7 8		

Monday 28 June 2021

PRIORITY TASKS	AM		PM	
_____	12		12	
_____	1		1	
_____	2		2	
_____	3		3	
_____	4		4	
_____	5		5	
TO DO	6		6	
_____	7		7	
_____	8		8	
_____	9		9	
_____	10		10	
_____	11		11	
_____	WATER INTAKE - 1 2 3 4 5 6 7 8			

Tuesday 29 June 2021

PRIORITY TASKS	AM		PM
_____	12	12	
_____	1	1	
_____	2	2	
_____	3	3	
_____	4	4	
_____	5	5	
TO DO	6	6	
_____	7	7	
_____	8	8	
_____	9	9	
_____	10	10	
_____	11	11	
_____	WATER INTAKE - 1 2 3 4 5 6 7 8		

Wednesday 30 June 2021

PRIORITY TASKS	AM		PM	
_____	**12**		**12**	
_____	**1**		**1**	
_____	**2**		**2**	
_____	**3**		**3**	
_____	**4**		**4**	
_____	**5**		**5**	
	6		**6**	
TO DO	**7**		**7**	
_____	**8**		**8**	
_____	**9**		**9**	
_____	**10**		**10**	
_____	**11**		**11**	
_____	**WATER INTAKE - 1 2 3 4 5 6 7 8**			
_____				

Thursday 01 July 2021

PRIORITY TASKS	AM		PM	
_____	12		12	
_____	1		1	
_____	2		2	
_____	3		3	
_____	4		4	
_____	5		5	
	6		6	
TO DO	7		7	
_____	8		8	
_____	9		9	
_____	10		10	
_____	11		11	
_____	WATER INTAKE - 1 2 3 4 5 6 7 8			

Friday 02 July 2021

PRIORITY TASKS	AM		PM	
_____	12		12	
_____	1		1	
_____	2		2	
_____	3		3	
_____	4		4	
_____	5		5	
	6		6	
TO DO				
_____	7		7	
_____	8		8	
_____	9		9	
_____	10		10	
_____	11		11	
_____	WATER INTAKE - 1 2 3 4 5 6 7 8			
_____				

Saturday 03 July 2021

PRIORITY TASKS		AM		PM
_____	12		12	
_____	1		1	
_____	2		2	
_____	3		3	
_____	4		4	
_____	5		5	
	6		6	
TO DO	7		7	
_____	8		8	
_____	9		9	
_____	10		10	
_____	11		11	
_____		WATER INTAKE - 1 2 3 4 5 6 7 8		
_____				

Sunday 04 July 2021

PRIORITY TASKS	AM		PM	
_____	12		12	
_____	1		1	
_____	2		2	
_____	3		3	
_____	4		4	
_____	5		5	
_____	6		6	
TO DO	7		7	
_____	8		8	
_____	9		9	
_____	10		10	
_____	11		11	
_____	WATER INTAKE - 1 2 3 4 5 6 7 8			

Monday 05 July 2021

PRIORITY TASKS		AM		PM
_____	12		12	
_____	1		1	
_____	2		2	
_____	3		3	
_____	4		4	
_____	5		5	
	6		6	
TO DO	7		7	
_____	8		8	
_____	9		9	
_____	10		10	
_____	11		11	
_____	**WATER INTAKE - 1 2 3 4 5 6 7 8**			

Tuesday 06 July 2021

PRIORITY TASKS	AM		PM	
_____	**12**		**12**	
_____	**1**		**1**	
_____	**2**		**2**	
_____	**3**		**3**	
_____	**4**		**4**	
_____	**5**		**5**	
	6		**6**	
TO DO	**7**		**7**	
_____	**8**		**8**	
_____	**9**		**9**	
_____	**10**		**10**	
_____	**11**		**11**	
_____	**WATER INTAKE - 1 2 3 4 5 6 7 8**			
_____				

Wednesday 07 July 2021

PRIORITY TASKS	AM		PM	
_____	12		12	
_____	1		1	
_____	2		2	
_____	3		3	
_____	4		4	
_____	5		5	
	6		6	
TO DO	7		7	
_____	8		8	
_____	9		9	
_____	10		10	
_____	11		11	
_____	**WATER INTAKE - 1 2 3 4 5 6 7 8**			

Thursday 08 July 2021

PRIORITY TASKS	AM		PM	
_____	12		12	
_____	1		1	
_____	2		2	
_____	3		3	
_____	4		4	
_____	5		5	
	6		6	
TO DO	7		7	
_____	8		8	
_____	9		9	
_____	10		10	
_____	11		11	
_____	WATER INTAKE - 1 2 3 4 5 6 7 8			

Friday 09 July 2021

PRIORITY TASKS	AM		PM	
_____	12		12	
_____	1		1	
_____	2		2	
_____	3		3	
_____	4		4	
_____	5		5	
TO DO	6		6	
_____	7		7	
_____	8		8	
_____	9		9	
_____	10		10	
_____	11		11	
_____	WATER INTAKE - 1 2 3 4 5 6 7 8			

Saturday 10 July 2021

PRIORITY TASKS		AM		PM
_____	**12**		**12**	
_____	**1**		**1**	
_____	**2**		**2**	
_____	**3**		**3**	
_____	**4**		**4**	
_____	**5**		**5**	
TO DO	**6**		**6**	
_____	**7**		**7**	
_____	**8**		**8**	
_____	**9**		**9**	
_____	**10**		**10**	
_____	**11**		**11**	
_____				
_____	**WATER INTAKE - 1 2 3 4 5 6 7 8**			

Sunday 11 July 2021

PRIORITY TASKS	AM		PM
_____	**12**	**12**	
_____	**1**	**1**	
_____	**2**	**2**	
_____	**3**	**3**	
_____	**4**	**4**	
_____	**5**	**5**	
	6	**6**	
TO DO	**7**	**7**	
_____	**8**	**8**	
_____	**9**	**9**	
_____	**10**	**10**	
_____	**11**	**11**	
_____	**WATER INTAKE - 1 2 3 4 5 6 7 8**		

Monday 12 July 2021

PRIORITY TASKS	AM		PM
_____	**12**	**12**	
_____	**1**	**1**	
_____	**2**	**2**	
_____	**3**	**3**	
_____	**4**	**4**	
_____	**5**	**5**	
TO DO	**6**	**6**	
_____	**7**	**7**	
_____	**8**	**8**	
_____	**9**	**9**	
_____	**10**	**10**	
_____	**11**	**11**	
_____	**WATER INTAKE - 1 2 3 4 5 6 7 8**		
_____			

Tuesday 13 July 2021

PRIORITY TASKS	AM		PM
_____	12	12	
_____	1	1	
_____	2	2	
_____	3	3	
_____	4	4	
_____	5	5	
	6	6	
TO DO	7	7	
_____	8	8	
_____	9	9	
_____	10	10	
_____	11	11	
_____	**WATER INTAKE - 1 2 3 4 5 6 7 8**		

Wednesday 14 July 2021

PRIORITY TASKS	AM		PM	
_____	12		12	
_____	1		1	
_____	2		2	
_____	3		3	
_____	4		4	
_____	5		5	
	6		6	
TO DO	7		7	
_____	8		8	
_____	9		9	
_____	10		10	
_____	11		11	
_____	WATER INTAKE - 1 2 3 4 5 6 7 8			
_____				

Thursday 15 July 2021

PRIORITY TASKS	AM		PM	
_____	12		12	
_____	1		1	
_____	2		2	
_____	3		3	
_____	4		4	
_____	5		5	
	6		6	
TO DO	7		7	
_____	8		8	
_____	9		9	
_____	10		10	
_____	11		11	
_____	WATER INTAKE - 1 2 3 4 5 6 7 8			

Friday 16 July 2021

PRIORITY TASKS	AM		PM
_____	12	12	
_____	1	1	
_____	2	2	
_____	3	3	
_____	4	4	
_____	5	5	
_____	6	6	
TO DO	7	7	
_____	8	8	
_____	9	9	
_____	10	10	
_____	11	11	
_____	WATER INTAKE - 1 2 3 4 5 6 7 8		
_____			

Saturday 17 July 2021

PRIORITY TASKS	AM		PM
_____	**12**	**12**	
_____	**1**	**1**	
_____	**2**	**2**	
_____	**3**	**3**	
_____	**4**	**4**	
_____	**5**	**5**	
TO DO	**6**	**6**	
_____	**7**	**7**	
_____	**8**	**8**	
_____	**9**	**9**	
_____	**10**	**10**	
_____	**11**	**11**	
_____	**WATER INTAKE - 1 2 3 4 5 6 7 8**		

Sunday 18 July 2021

PRIORITY TASKS	AM		PM
_____	12	12	
_____	1	1	
_____	2	2	
_____	3	3	
_____	4	4	
_____	5	5	
	6	6	
TO DO			
_____	7	7	
_____	8	8	
_____	9	9	
_____	10	10	
_____	11	11	
_____	WATER INTAKE - 1 2 3 4 5 6 7 8		
_____			

Monday 19 July 2021

PRIORITY TASKS		AM		PM
_____	12		12	
_____	1		1	
_____	2		2	
_____	3		3	
_____	4		4	
_____	5		5	
	6		6	
TO DO	7		7	
_____	8		8	
_____	9		9	
_____	10		10	
_____	11		11	
_____	WATER INTAKE - 1 2 3 4 5 6 7 8			

Tuesday 20 July 2021

PRIORITY TASKS	AM		PM	
_____	12		12	
_____	1		1	
_____	2		2	
_____	3		3	
_____	4		4	
_____	5		5	
	6		6	
TO DO				
_____	7		7	
_____	8		8	
_____	9		9	
_____	10		10	
_____	11		11	
_____	WATER INTAKE - 1 2 3 4 5 6 7 8			

Wednesday 21 July 2021

PRIORITY TASKS	AM		PM	
_____	12		12	
_____	1		1	
_____	2		2	
_____	3		3	
_____	4		4	
_____	5		5	
	6		6	
TO DO	7		7	
_____	8		8	
_____	9		9	
_____	10		10	
_____	11		11	
_____	WATER INTAKE - 1 2 3 4 5 6 7 8			

Thursday 22 July 2021

PRIORITY TASKS	AM		PM
_____	12	12	
_____	1	1	
_____	2	2	
_____	3	3	
_____	4	4	
_____	5	5	
	6	6	
TO DO	7	7	
_____	8	8	
_____	9	9	
_____	10	10	
_____	11	11	
_____	WATER INTAKE - 1 2 3 4 5 6 7 8		
_____			

Friday 23 July 2021

PRIORITY TASKS	AM		PM
_____	**12**	**12**	
_____	**1**	**1**	
_____	**2**	**2**	
_____	**3**	**3**	
_____	**4**	**4**	
_____	**5**	**5**	
TO DO	**6**	**6**	
_____	**7**	**7**	
_____	**8**	**8**	
_____	**9**	**9**	
_____	**10**	**10**	
_____	**11**	**11**	
_____	**WATER INTAKE - 1 2 3 4 5 6 7 8**		

Saturday 24 July 2021

PRIORITY TASKS	AM		PM
_____	12	12	
_____	1	1	
_____	2	2	
_____	3	3	
_____	4	4	
_____	5	5	
	6	6	
TO DO	7	7	
_____	8	8	
_____	9	9	
_____	10	10	
_____	11	11	
_____	WATER INTAKE - 1 2 3 4 5 6 7 8		
_____			

Sunday 25 July 2021

PRIORITY TASKS	AM		PM
_____	12	12	
_____	1	1	
_____	2	2	
_____	3	3	
_____	4	4	
_____	5	5	
TO DO	6	6	
_____	7	7	
_____	8	8	
_____	9	9	
_____	10	10	
_____	11	11	
_____	WATER INTAKE - 1 2 3 4 5 6 7 8		

Monday 26 July 2021

PRIORITY TASKS	AM		PM	
_____	12		12	
_____	1		1	
_____	2		2	
_____	3		3	
_____	4		4	
_____	5		5	
TO DO	6		6	
_____	7		7	
_____	8		8	
_____	9		9	
_____	10		10	
_____	11		11	
_____	WATER INTAKE - 1 2 3 4 5 6 7 8			

Tuesday 27 July 2021

PRIORITY TASKS	AM		PM	
_____	12		12	
_____	1		1	
_____	2		2	
_____	3		3	
_____	4		4	
_____	5		5	
TO DO	6		6	
_____	7		7	
_____	8		8	
_____	9		9	
_____	10		10	
_____	11		11	
_____	WATER INTAKE - 1 2 3 4 5 6 7 8			

Wednesday 28 July 2021

PRIORITY TASKS	AM		PM
_____	12	12	
_____	1	1	
_____	2	2	
_____	3	3	
_____	4	4	
_____	5	5	
TO DO	6	6	
_____	7	7	
_____	8	8	
_____	9	9	
_____	10	10	
_____	11	11	
_____	WATER INTAKE - 1 2 3 4 5 6 7 8		

Thursday 29 July 2021

PRIORITY TASKS	AM		PM	
_____	**12**		**12**	
_____	**1**		**1**	
_____	**2**		**2**	
_____	**3**		**3**	
_____	**4**		**4**	
_____	**5**		**5**	
	6		**6**	
TO DO	**7**		**7**	
_____	**8**		**8**	
_____	**9**		**9**	
_____	**10**		**10**	
_____	**11**		**11**	
_____	WATER INTAKE - 1 2 3 4 5 6 7 8			

Friday 30 July 2021

PRIORITY TASKS	AM		PM	
_____	12		12	
_____	1		1	
_____	2		2	
_____	3		3	
_____	4		4	
_____	5		5	
TO DO	6		6	
_____	7		7	
_____	8		8	
_____	9		9	
_____	10		10	
_____	11		11	
_____	WATER INTAKE - 1 2 3 4 5 6 7 8			
_____				

Saturday 31 July 2021

PRIORITY TASKS	AM		PM
_____	12	12	
_____	1	1	
_____	2	2	
_____	3	3	
_____	4	4	
_____	5	5	
TO DO	6	6	
_____	7	7	
_____	8	8	
_____	9	9	
_____	10	10	
_____	11	11	
_____	WATER INTAKE - 1 2 3 4 5 6 7 8		

Sunday 01 August 2021

PRIORITY TASKS	AM		PM	
_____	12		12	
_____	1		1	
_____	2		2	
_____	3		3	
_____	4		4	
_____	5		5	
	6		6	
TO DO	7		7	
_____	8		8	
_____	9		9	
_____	10		10	
_____	11		11	
_____	WATER INTAKE - 1 2 3 4 5 6 7 8			
_____				

Monday 02 August 2021

PRIORITY TASKS	AM		PM
_____	12	12	
_____	1	1	
_____	2	2	
_____	3	3	
_____	4	4	
_____	5	5	
_____	6	6	
TO DO	7	7	
_____	8	8	
_____	9	9	
_____	10	10	
_____	11	11	
_____	WATER INTAKE - 1 2 3 4 5 6 7 8		

Tuesday 03 August 2021

PRIORITY TASKS	AM		PM

PRIORITY TASKS

_____

_____

_____

_____

_____

TO DO

_____

_____

_____

_____

_____

_____

	AM		PM
12		**12**	
1		**1**	
2		**2**	
3		**3**	
4		**4**	
5		**5**	
6		**6**	
7		**7**	
8		**8**	
9		**9**	
10		**10**	
11		**11**	

WATER INTAKE - 1 2 3 4 5 6 7 8

Wednesday 04 August 2021

PRIORITY TASKS	AM		PM
_____	12	12	
_____	1	1	
_____	2	2	
_____	3	3	
_____	4	4	
_____	5	5	
TO DO	6	6	
_____	7	7	
_____	8	8	
_____	9	9	
_____	10	10	
_____	11	11	
_____	WATER INTAKE - 1 2 3 4 5 6 7 8		

Thursday 05 August 2021

PRIORITY TASKS	AM		PM
_____	12	12	
_____	1	1	
_____	2	2	
_____	3	3	
_____	4	4	
_____	5	5	
	6	6	
TO DO	7	7	
_____	8	8	
_____	9	9	
_____	10	10	
_____	11	11	
_____	WATER INTAKE - 1 2 3 4 5 6 7 8		
_____			

Friday 06 August 2021

PRIORITY TASKS	AM		PM
_____	12	12	
_____	1	1	
_____	2	2	
_____	3	3	
_____	4	4	
_____	5	5	
TO DO	6	6	
_____	7	7	
_____	8	8	
_____	9	9	
_____	10	10	
_____	11	11	
_____	**WATER INTAKE - 1 2 3 4 5 6 7 8**		

Saturday 07 August 2021

PRIORITY TASKS	AM		PM	
_____	12		12	
_____	1		1	
_____	2		2	
_____	3		3	
_____	4		4	
_____	5		5	
TO DO	6		6	
_____	7		7	
_____	8		8	
_____	9		9	
_____	10		10	
_____	11		11	
_____	WATER INTAKE - 1 2 3 4 5 6 7 8			

Sunday 08 August 2021

PRIORITY TASKS	AM		PM	
_____	12		12	
_____	1		1	
_____	2		2	
_____	3		3	
_____	4		4	
_____	5		5	
	6		6	
TO DO	7		7	
_____	8		8	
_____	9		9	
_____	10		10	
_____	11		11	
_____	WATER INTAKE - 1 2 3 4 5 6 7 8			
_____				

Monday 09 August 2021

PRIORITY TASKS	AM		PM	
_____	12		12	
_____	1		1	
_____	2		2	
_____	3		3	
_____	4		4	
_____	5		5	
	6		6	
TO DO	7		7	
_____	8		8	
_____	9		9	
_____	10		10	
_____	11		11	
_____	WATER INTAKE - 1 2 3 4 5 6 7 8			
_____				

Tuesday 10 August 2021

PRIORITY TASKS

	AM		PM
12		12	
1		1	
2		2	
3		3	
4		4	
5		5	
6		6	
7		7	
8		8	
9		9	
10		10	
11		11	

TO DO

WATER INTAKE - 1 2 3 4 5 6 7 8

Wednesday 11 August 2021

PRIORITY TASKS	AM		PM	
_____	12		12	
_____	1		1	
_____	2		2	
_____	3		3	
_____	4		4	
_____	5		5	
TO DO	6		6	
_____	7		7	
_____	8		8	
_____	9		9	
_____	10		10	
_____	11		11	
_____	WATER INTAKE - 1 2 3 4 5 6 7 8			

Thursday 12 August 2021

PRIORITY TASKS	AM		PM	
_____	12		12	
_____	1		1	
_____	2		2	
_____	3		3	
_____	4		4	
_____	5		5	
TO DO	6		6	
_____	7		7	
_____	8		8	
_____	9		9	
_____	10		10	
_____	11		11	
_____	WATER INTAKE - 1 2 3 4 5 6 7 8			

Friday 13 August 2021

PRIORITY TASKS	AM		PM	
_____	12		12	
_____	1		1	
_____	2		2	
_____	3		3	
_____	4		4	
_____	5		5	
	6		6	
TO DO	7		7	
_____	8		8	
_____	9		9	
_____	10		10	
_____	11		11	
_____	WATER INTAKE - 1 2 3 4 5 6 7 8			

Saturday 14 August 2021

PRIORITY TASKS	AM		PM
_____	12	12	
_____	1	1	
_____	2	2	
_____	3	3	
_____	4	4	
_____	5	5	
TO DO	6	6	
_____	7	7	
_____	8	8	
_____	9	9	
_____	10	10	
_____	11	11	
_____	WATER INTAKE - 1 2 3 4 5 6 7 8		

Sunday 15 August 2021

PRIORITY TASKS	AM		PM

PRIORITY TASKS

_____

_____

_____

_____

_____

_____

TO DO

_____

_____

_____

_____

_____

_____

_____

	AM		PM
12		12	
1		1	
2		2	
3		3	
4		4	
5		5	
6		6	
7		7	
8		8	
9		9	
10		10	
11		11	

WATER INTAKE - 1 2 3 4 5 6 7 8

Monday 16 August 2021

PRIORITY TASKS		AM		PM
_____	12		12	
_____	1		1	
_____	2		2	
_____	3		3	
_____	4		4	
_____	5		5	
TO DO	6		6	
_____	7		7	
_____	8		8	
_____	9		9	
_____	10		10	
_____	11		11	
_____	WATER INTAKE - 1 2 3 4 5 6 7 8			

Tuesday 17 August 2021

PRIORITY TASKS	AM		PM	
_____	12		12	
_____	1		1	
_____	2		2	
_____	3		3	
_____	4		4	
_____	5		5	
	6		6	
TO DO	7		7	
_____	8		8	
_____	9		9	
_____	10		10	
_____	11		11	
_____	WATER INTAKE - 1 2 3 4 5 6 7 8			
_____				

Wednesday 18 August 2021

PRIORITY TASKS		AM		PM
_____	12		12	
_____	1		1	
_____	2		2	
_____	3		3	
_____	4		4	
_____	5		5	
	6		6	
TO DO	7		7	
_____	8		8	
_____	9		9	
_____	10		10	
_____	11		11	
_____	WATER INTAKE - 1 2 3 4 5 6 7 8			

Thursday 19 August 2021

PRIORITY TASKS	AM		PM	
_____	12		12	
_____	1		1	
_____	2		2	
_____	3		3	
_____	4		4	
_____	5		5	
	6		6	
TO DO	7		7	
_____	8		8	
_____	9		9	
_____	10		10	
_____	11		11	
_____	WATER INTAKE - 1 2 3 4 5 6 7 8			
_____				

Friday 20 August 2021

PRIORITY TASKS	AM		PM
_____	12	12	
_____	1	1	
_____	2	2	
_____	3	3	
_____	4	4	
_____	5	5	
_____	6	6	
TO DO	7	7	
_____	8	8	
_____	9	9	
_____	10	10	
_____	11	11	
_____	WATER INTAKE - 1 2 3 4 5 6 7 8		

Saturday 21 August 2021

PRIORITY TASKS	AM		PM
_____	12	12	
_____	1	1	
_____	2	2	
_____	3	3	
_____	4	4	
_____	5	5	
	6	6	
TO DO	7	7	
_____	8	8	
_____	9	9	
_____	10	10	
_____	11	11	
_____	WATER INTAKE - 1 2 3 4 5 6 7 8		
_____			

Sunday 22 August 2021

PRIORITY TASKS	AM		PM	
_____	12		12	
_____	1		1	
_____	2		2	
_____	3		3	
_____	4		4	
_____	5		5	
TO DO	6		6	
_____	7		7	
_____	8		8	
_____	9		9	
_____	10		10	
_____	11		11	
_____	WATER INTAKE - 1 2 3 4 5 6 7 8			

Monday 23 August 2021

PRIORITY TASKS		AM		PM
_____	12		12	
_____	1		1	
_____	2		2	
_____	3		3	
_____	4		4	
_____	5		5	
_____	6		6	
TO DO	7		7	
_____	8		8	
_____	9		9	
_____	10		10	
_____	11		11	
_____		WATER INTAKE - 1 2 3 4 5 6 7 8		
_____				

Tuesday 24 August 2021

PRIORITY TASKS

AM

PM

	AM		PM
12		**12**	
1		**1**	
2		**2**	
3		**3**	
4		**4**	
5		**5**	
6		**6**	
7		**7**	
8		**8**	
9		**9**	
10		**10**	
11		**11**	

TO DO

WATER INTAKE - 1 2 3 4 5 6 7 8

Wednesday 25 August 2021

PRIORITY TASKS	AM		PM	
_____	12		12	
_____	1		1	
_____	2		2	
_____	3		3	
_____	4		4	
_____	5		5	
_____	6		6	
TO DO	7		7	
_____	8		8	
_____	9		9	
_____	10		10	
_____	11		11	
_____	WATER INTAKE - 1 2 3 4 5 6 7 8			
_____				

Thursday 26 August 2021

PRIORITY TASKS	AM		PM
_____	12	12	
_____	1	1	
_____	2	2	
_____	3	3	
_____	4	4	
_____	5	5	
TO DO	6	6	
_____	7	7	
_____	8	8	
_____	9	9	
_____	10	10	
_____	11	11	
_____	WATER INTAKE - 1 2 3 4 5 6 7 8		

Friday 27 August 2021

PRIORITY TASKS	AM		PM	
_____	12		12	
_____	1		1	
_____	2		2	
_____	3		3	
_____	4		4	
_____	5		5	
_____	6		6	
TO DO	7		7	
_____	8		8	
_____	9		9	
_____	10		10	
_____	11		11	
_____	WATER INTAKE - 1 2 3 4 5 6 7 8			
_____				

Saturday 28 August 2021

PRIORITY TASKS	AM		PM	
_____	**12**		**12**	
_____	**1**		**1**	
_____	**2**		**2**	
_____	**3**		**3**	
_____	**4**		**4**	
_____	**5**		**5**	
TO DO	**6**		**6**	
_____	**7**		**7**	
_____	**8**		**8**	
_____	**9**		**9**	
_____	**10**		**10**	
_____	**11**		**11**	
_____	WATER INTAKE - 1 2 3 4 5 6 7 8			

Sunday 29 August 2021

PRIORITY TASKS	AM		PM	
_____	12		12	
_____	1		1	
_____	2		2	
_____	3		3	
_____	4		4	
_____	5		5	
_____	6		6	
TO DO	7		7	
_____	8		8	
_____	9		9	
_____	10		10	
_____	11		11	
_____	WATER INTAKE - 1 2 3 4 5 6 7 8			
_____				

Monday 30 August 2021

PRIORITY TASKS		AM		PM
_____	12		12	
_____	1		1	
_____	2		2	
_____	3		3	
_____	4		4	
_____	5		5	
	6		6	
TO DO	7		7	
_____	8		8	
_____	9		9	
_____	10		10	
_____	11		11	
_____	**WATER INTAKE - 1 2 3 4 5 6 7 8**			

Tuesday 31 August 2021

PRIORITY TASKS	AM		PM	
_____	12		12	
_____	1		1	
_____	2		2	
_____	3		3	
_____	4		4	
_____	5		5	
	6		6	
TO DO	7		7	
_____	8		8	
_____	9		9	
_____	10		10	
_____	11		11	
_____	WATER INTAKE - 1 2 3 4 5 6 7 8			
_____				

Wednesday 01 September 2021

PRIORITY TASKS	AM		PM	
_____	12		12	
_____	1		1	
_____	2		2	
_____	3		3	
_____	4		4	
_____	5		5	
TO DO	6		6	
_____	7		7	
_____	8		8	
_____	9		9	
_____	10		10	
_____	11		11	
_____	WATER INTAKE - 1 2 3 4 5 6 7 8			

Thursday 02 September 2021

PRIORITY TASKS	AM		PM	
_____	12		12	
_____	1		1	
_____	2		2	
_____	3		3	
_____	4		4	
_____	5		5	
	6		6	
TO DO	7		7	
_____	8		8	
_____	9		9	
_____	10		10	
_____	11		11	
_____	WATER INTAKE - 1 2 3 4 5 6 7 8			

Friday 03 September 2021

PRIORITY TASKS	AM		PM	
_____	12		12	
_____	1		1	
_____	2		2	
_____	3		3	
_____	4		4	
_____	5		5	
TO DO	6		6	
_____	7		7	
_____	8		8	
_____	9		9	
_____	10		10	
_____	11		11	
_____	WATER INTAKE - 1 2 3 4 5 6 7 8			

Saturday 04 September 2021

PRIORITY TASKS	AM		PM
_____	12	12	
_____	1	1	
_____	2	2	
_____	3	3	
_____	4	4	
_____	5	5	
	6	6	
TO DO	7	7	
_____	8	8	
_____	9	9	
_____	10	10	
_____	11	11	
_____	WATER INTAKE - 1 2 3 4 5 6 7 8		

Sunday 05 September 2021

PRIORITY TASKS	AM		PM	
_____	12		12	
_____	1		1	
_____	2		2	
_____	3		3	
_____	4		4	
_____	5		5	
	6		6	
TO DO	7		7	
_____	8		8	
_____	9		9	
_____	10		10	
_____	11		11	
_____	WATER INTAKE - 1 2 3 4 5 6 7 8			

Monday 06 September 2021

PRIORITY TASKS	AM		PM	
_____	12		12	
_____	1		1	
_____	2		2	
_____	3		3	
_____	4		4	
_____	5		5	
	6		6	
TO DO	7		7	
_____	8		8	
_____	9		9	
_____	10		10	
_____	11		11	
_____				
_____	**WATER INTAKE - 1 2 3 4 5 6 7 8**			

Tuesday 07 September 2021

PRIORITY TASKS	AM		PM	
_____	12		12	
_____	1		1	
_____	2		2	
_____	3		3	
_____	4		4	
_____	5		5	
TO DO	6		6	
_____	7		7	
_____	8		8	
_____	9		9	
_____	10		10	
_____	11		11	
_____	WATER INTAKE - 1 2 3 4 5 6 7 8			

Wednesday 08 September 2021

PRIORITY TASKS

_____

_____

_____

_____

_____

_____

TO DO

_____

_____

_____

_____

_____

_____

_____

AM		PM	
12		12	
1		1	
2		2	
3		3	
4		4	
5		5	
6		6	
7		7	
8		8	
9		9	
10		10	
11		11	

WATER INTAKE - 1 2 3 4 5 6 7 8

Thursday 09 September 2021

PRIORITY TASKS		AM		PM
_____	**12**		**12**	
_____	**1**		**1**	
_____	**2**		**2**	
_____	**3**		**3**	
_____	**4**		**4**	
_____	**5**		**5**	
TO DO	**6**		**6**	
_____	**7**		**7**	
_____	**8**		**8**	
_____	**9**		**9**	
_____	**10**		**10**	
_____	**11**		**11**	
_____		WATER INTAKE - 1 2 3 4 5 6 7 8		

Friday 10 September 2021

PRIORITY TASKS		AM		PM
_____	12		12	
_____	1		1	
_____	2		2	
_____	3		3	
_____	4		4	
_____	5		5	
	6		6	
TO DO	7		7	
_____	8		8	
_____	9		9	
_____	10		10	
_____	11		11	
_____		WATER INTAKE - 1 2 3 4 5 6 7 8		
_____				

Saturday 11 September 2021

PRIORITY TASKS		AM		PM
_____	12		12	
_____	1		1	
_____	2		2	
_____	3		3	
_____	4		4	
_____	5		5	
	6		6	
TO DO	7		7	
_____	8		8	
_____	9		9	
_____	10		10	
_____	11		11	
_____		**WATER INTAKE - 1 2 3 4 5 6 7 8**		

Sunday 12 September 2021

PRIORITY TASKS	AM		PM	
_____	12		12	
_____	1		1	
_____	2		2	
_____	3		3	
_____	4		4	
_____	5		5	
TO DO	6		6	
_____	7		7	
_____	8		8	
_____	9		9	
_____	10		10	
_____	11		11	
_____	WATER INTAKE - 1 2 3 4 5 6 7 8			
_____				

Monday 13 September 2021

PRIORITY TASKS	AM		PM	
_____	12		12	
_____	1		1	
_____	2		2	
_____	3		3	
_____	4		4	
_____	5		5	
_____	6		6	
TO DO	7		7	
_____	8		8	
_____	9		9	
_____	10		10	
_____	11		11	
_____	WATER INTAKE - 1 2 3 4 5 6 7 8			

Tuesday 14 September 2021

PRIORITY TASKS		AM		PM
_____	12		12	
_____	1		1	
_____	2		2	
_____	3		3	
_____	4		4	
_____	5		5	
	6		6	
TO DO	7		7	
_____	8		8	
_____	9		9	
_____	10		10	
_____	11		11	
_____	**WATER INTAKE - 1 2 3 4 5 6 7 8**			

Wednesday 15 September 2021

PRIORITY TASKS	AM		PM
_____	12	12	
_____	1	1	
_____	2	2	
_____	3	3	
_____	4	4	
_____	5	5	
TO DO	6	6	
_____	7	7	
_____	8	8	
_____	9	9	
_____	10	10	
_____	11	11	
_____	WATER INTAKE - 1 2 3 4 5 6 7 8		

Thursday 16 September 2021

PRIORITY TASKS	AM		PM	
_____	**12**		**12**	
_____	**1**		**1**	
_____	**2**		**2**	
_____	**3**		**3**	
_____	**4**		**4**	
_____	**5**		**5**	
	6		**6**	
TO DO	**7**		**7**	
_____	**8**		**8**	
_____	**9**		**9**	
_____	**10**		**10**	
_____	**11**		**11**	
_____	WATER INTAKE - 1 2 3 4 5 6 7 8			
_____				

Friday 17 September 2021

PRIORITY TASKS	AM		PM
_____	**12**	**12**	
_____	**1**	**1**	
_____	**2**	**2**	
_____	**3**	**3**	
_____	**4**	**4**	
_____	**5**	**5**	
_____	**6**	**6**	
TO DO			
_____	**7**	**7**	
_____	**8**	**8**	
_____	**9**	**9**	
_____	**10**	**10**	
_____	**11**	**11**	
_____	**WATER INTAKE - 1 2 3 4 5 6 7 8**		
_____			

Saturday 18 September 2021

PRIORITY TASKS	AM		PM
_____	12	12	
_____	1	1	
_____	2	2	
_____	3	3	
_____	4	4	
_____	5	5	
TO DO	6	6	
_____	7	7	
_____	8	8	
_____	9	9	
_____	10	10	
_____	11	11	
_____	WATER INTAKE - 1 2 3 4 5 6 7 8		
_____			

Sunday 19 September 2021

PRIORITY TASKS		AM		PM
_____	12		12	
_____	1		1	
_____	2		2	
_____	3		3	
_____	4		4	
_____	5		5	
	6		6	
TO DO	7		7	
_____	8		8	
_____	9		9	
_____	10		10	
_____	11		11	
_____	WATER INTAKE - 1 2 3 4 5 6 7 8			
_____				

Monday 20 September 2021

PRIORITY TASKS	AM		PM
_____	**12**	**12**	
_____	**1**	**1**	
_____	**2**	**2**	
_____	**3**	**3**	
_____	**4**	**4**	
_____	**5**	**5**	
TO DO	**6**	**6**	
_____	**7**	**7**	
_____	**8**	**8**	
_____	**9**	**9**	
_____	**10**	**10**	
_____	**11**	**11**	
_____	**WATER INTAKE - 1 2 3 4 5 6 7 8**		

Tuesday 21 September 2021

PRIORITY TASKS	AM		PM
_____	12	12	
_____	1	1	
_____	2	2	
_____	3	3	
_____	4	4	
_____	5	5	
TO DO	6	6	
_____	7	7	
_____	8	8	
_____	9	9	
_____	10	10	
_____	11	11	
_____	WATER INTAKE - 1 2 3 4 5 6 7 8		

Wednesday 22 September 2021

PRIORITY TASKS	AM		PM
_____	**12**	**12**	
_____	**1**	**1**	
_____	**2**	**2**	
_____	**3**	**3**	
_____	**4**	**4**	
_____	**5**	**5**	
	6	**6**	
TO DO			
_____	**7**	**7**	
_____	**8**	**8**	
_____	**9**	**9**	
_____	**10**	**10**	
_____	**11**	**11**	
_____	WATER INTAKE - 1 2 3 4 5 6 7 8		

Thursday 23 September 2021

PRIORITY TASKS	AM		PM
_____	12	12	
_____	1	1	
_____	2	2	
_____	3	3	
_____	4	4	
_____	5	5	
	6	6	
TO DO	7	7	
_____	8	8	
_____	9	9	
_____	10	10	
_____	11	11	
_____	WATER INTAKE - 1 2 3 4 5 6 7 8		

Friday 24 September 2021

PRIORITY TASKS		AM		PM
_____	12		12	
_____	1		1	
_____	2		2	
_____	3		3	
_____	4		4	
_____	5		5	
	6		6	
TO DO	7		7	
_____	8		8	
_____	9		9	
_____	10		10	
_____	11		11	
_____	WATER INTAKE - 1 2 3 4 5 6 7 8			
_____				

Saturday 25 September 2021

PRIORITY TASKS	AM		PM
_____	12	12	
_____	1	1	
_____	2	2	
_____	3	3	
_____	4	4	
_____	5	5	
	6	6	
TO DO	7	7	
_____	8	8	
_____	9	9	
_____	10	10	
_____	11	11	
_____	**WATER INTAKE - 1 2 3 4 5 6 7 8**		

Sunday 26 September 2021

PRIORITY TASKS	AM		PM
_____	12	12	
_____	1	1	
_____	2	2	
_____	3	3	
_____	4	4	
_____	5	5	
_____	6	6	
TO DO	7	7	
_____	8	8	
_____	9	9	
_____	10	10	
_____	11	11	
_____	WATER INTAKE - 1 2 3 4 5 6 7 8		
_____			

Monday 27 September 2021

PRIORITY TASKS	AM		PM	
_____	12		12	
_____	1		1	
_____	2		2	
_____	3		3	
_____	4		4	
_____	5		5	
	6		6	
TO DO	7		7	
_____	8		8	
_____	9		9	
_____	10		10	
_____	11		11	
_____	WATER INTAKE - 1 2 3 4 5 6 7 8			

Tuesday 28 September 2021

PRIORITY TASKS	AM		PM	
_____	12		12	
_____	1		1	
_____	2		2	
_____	3		3	
_____	4		4	
_____	5		5	
	6		6	
TO DO	7		7	
_____	8		8	
_____	9		9	
_____	10		10	
_____	11		11	
_____	**WATER INTAKE - 1 2 3 4 5 6 7 8**			

Wednesday 29 September 2021

PRIORITY TASKS	AM		PM	
_____	12		12	
_____	1		1	
_____	2		2	
_____	3		3	
_____	4		4	
_____	5		5	
	6		6	
TO DO	7		7	
_____	8		8	
_____	9		9	
_____	10		10	
_____	11		11	
_____	WATER INTAKE - 1 2 3 4 5 6 7 8			
_____				

Thursday 30 September 2021

PRIORITY TASKS	AM		PM	
_____	12		12	
_____	1		1	
_____	2		2	
_____	3		3	
_____	4		4	
_____	5		5	
TO DO	6		6	
_____	7		7	
_____	8		8	
_____	9		9	
_____	10		10	
_____	11		11	
_____	WATER INTAKE - 1 2 3 4 5 6 7 8			

Friday 01 October 2021

PRIORITY TASKS		AM		PM
_____	12		12	
_____	1		1	
_____	2		2	
_____	3		3	
_____	4		4	
_____	5		5	
TO DO	6		6	
_____	7		7	
_____	8		8	
_____	9		9	
_____	10		10	
_____	11		11	
_____	WATER INTAKE - 1 2 3 4 5 6 7 8			

Saturday 02 October 2021

PRIORITY TASKS	AM		PM
_____	12	12	
_____	1	1	
_____	2	2	
_____	3	3	
_____	4	4	
_____	5	5	
	6	6	
TO DO	7	7	
_____	8	8	
_____	9	9	
_____	10	10	
_____	11	11	
_____	WATER INTAKE - 1 2 3 4 5 6 7 8		

Sunday 03 October 2021

PRIORITY TASKS	AM		PM
_____	**12**	**12**	
_____	**1**	**1**	
_____	**2**	**2**	
_____	**3**	**3**	
_____	**4**	**4**	
_____	**5**	**5**	
TO DO	**6**	**6**	
_____	**7**	**7**	
_____	**8**	**8**	
_____	**9**	**9**	
_____	**10**	**10**	
_____	**11**	**11**	
_____	**WATER INTAKE - 1 2 3 4 5 6 7 8**		

Monday 04 October 2021

PRIORITY TASKS	AM		PM
_____	12	12	
_____	1	1	
_____	2	2	
_____	3	3	
_____	4	4	
_____	5	5	
TO DO	6	6	
_____	7	7	
_____	8	8	
_____	9	9	
_____	10	10	
_____	11	11	
_____	WATER INTAKE - 1 2 3 4 5 6 7 8		
_____			

Tuesday 05 October 2021

PRIORITY TASKS	AM		PM
_____	12	12	
_____	1	1	
_____	2	2	
_____	3	3	
_____	4	4	
_____	5	5	
TO DO	6	6	
_____	7	7	
_____	8	8	
_____	9	9	
_____	10	10	
_____	11	11	
_____	WATER INTAKE - 1 2 3 4 5 6 7 8		

Wednesday 06 October 2021

PRIORITY TASKS	AM		PM	
_____	12		12	
_____	1		1	
_____	2		2	
_____	3		3	
_____	4		4	
_____	5		5	
	6		6	
TO DO	7		7	
_____	8		8	
_____	9		9	
_____	10		10	
_____	11		11	
_____	WATER INTAKE - 1 2 3 4 5 6 7 8			

Thursday 07 October 2021

PRIORITY TASKS	AM		PM	
_____	12		12	
_____	1		1	
_____	2		2	
_____	3		3	
_____	4		4	
_____	5		5	
TO DO	6		6	
_____	7		7	
_____	8		8	
_____	9		9	
_____	10		10	
_____	11		11	
_____	WATER INTAKE - 1 2 3 4 5 6 7 8			

Friday 08 October 2021

PRIORITY TASKS	AM		PM	
_____	12		12	
_____	1		1	
_____	2		2	
_____	3		3	
_____	4		4	
_____	5		5	
_____	6		6	
TO DO	7		7	
_____	8		8	
_____	9		9	
_____	10		10	
_____	11		11	
_____	WATER INTAKE - 1 2 3 4 5 6 7 8			
_____				

Saturday 09 October 2021

PRIORITY TASKS	AM		PM
_____	**12**	**12**	
_____	**1**	**1**	
_____	**2**	**2**	
_____	**3**	**3**	
_____	**4**	**4**	
_____	**5**	**5**	
TO DO	**6**	**6**	
_____	**7**	**7**	
_____	**8**	**8**	
_____	**9**	**9**	
_____	**10**	**10**	
_____	**11**	**11**	
_____	WATER INTAKE - 1 2 3 4 5 6 7 8		

Sunday 10 October 2021

PRIORITY TASKS	AM		PM	
_____	**12**		**12**	
_____	**1**		**1**	
_____	**2**		**2**	
_____	**3**		**3**	
_____	**4**		**4**	
_____	**5**		**5**	
	6		**6**	
TO DO				
_____	**7**		**7**	
_____	**8**		**8**	
_____	**9**		**9**	
_____	**10**		**10**	
_____	**11**		**11**	
_____	WATER INTAKE - 1 2 3 4 5 6 7 8			
_____				

Monday 11 October 2021

PRIORITY TASKS

_____
_____
_____
_____
_____
_____
_____

TO DO

_____
_____
_____
_____
_____
_____
_____

	AM		PM
12		12	
1		1	
2		2	
3		3	
4		4	
5		5	
6		6	
7		7	
8		8	
9		9	
10		10	
11		11	

WATER INTAKE - 1 2 3 4 5 6 7 8

Tuesday 12 October 2021

PRIORITY TASKS	AM		PM
_____	**12**	**12**	
_____	**1**	**1**	
_____	**2**	**2**	
_____	**3**	**3**	
_____	**4**	**4**	
_____	**5**	**5**	
_____	**6**	**6**	
TO DO	**7**	**7**	
_____	**8**	**8**	
_____	**9**	**9**	
_____	**10**	**10**	
_____	**11**	**11**	
_____	WATER INTAKE - 1 2 3 4 5 6 7 8		

Wednesday 13 October 2021

PRIORITY TASKS	AM		PM	
_____	12		12	
_____	1		1	
_____	2		2	
_____	3		3	
_____	4		4	
_____	5		5	
TO DO	6		6	
_____	7		7	
_____	8		8	
_____	9		9	
_____	10		10	
_____	11		11	
_____	WATER INTAKE - 1 2 3 4 5 6 7 8			

Thursday 14 October 2021

PRIORITY TASKS

_____

_____

_____

_____

_____

TO DO

_____

_____

_____

_____

_____

_____

_____

	AM		PM
12		12	
1		1	
2		2	
3		3	
4		4	
5		5	
6		6	
7		7	
8		8	
9		9	
10		10	
11		11	

WATER INTAKE - 1 2 3 4 5 6 7 8

Friday 15 October 2021

PRIORITY TASKS	AM		PM
_____	**12**	**12**	
_____	**1**	**1**	
_____	**2**	**2**	
_____	**3**	**3**	
_____	**4**	**4**	
_____	**5**	**5**	
TO DO	**6**	**6**	
_____	**7**	**7**	
_____	**8**	**8**	
_____	**9**	**9**	
_____	**10**	**10**	
_____	**11**	**11**	
_____	**WATER INTAKE - 1 2 3 4 5 6 7 8**		

Saturday 16 October 2021

PRIORITY TASKS		AM		PM
_____	12		12	
_____	1		1	
_____	2		2	
_____	3		3	
_____	4		4	
_____	5		5	
TO DO	6		6	
_____	7		7	
_____	8		8	
_____	9		9	
_____	10		10	
_____	11		11	
_____	WATER INTAKE - 1 2 3 4 5 6 7 8			
_____				

Sunday 17 October 2021

PRIORITY TASKS	AM		PM
_____	12	12	
_____	1	1	
_____	2	2	
_____	3	3	
_____	4	4	
_____	5	5	
	6	6	
TO DO	7	7	
_____	8	8	
_____	9	9	
_____	10	10	
_____	11	11	
_____	**WATER INTAKE - 1 2 3 4 5 6 7 8**		

Monday 18 October 2021

PRIORITY TASKS	AM		PM	
_____	12		12	
_____	1		1	
_____	2		2	
_____	3		3	
_____	4		4	
_____	5		5	
_____	6		6	
TO DO	7		7	
_____	8		8	
_____	9		9	
_____	10		10	
_____	11		11	
_____	WATER INTAKE - 1 2 3 4 5 6 7 8			
_____				

Tuesday 19 October 2021

PRIORITY TASKS	AM		PM	
_____	12		12	
_____	1		1	
_____	2		2	
_____	3		3	
_____	4		4	
_____	5		5	
TO DO	6		6	
_____	7		7	
_____	8		8	
_____	9		9	
_____	10		10	
_____	11		11	
_____	WATER INTAKE - 1 2 3 4 5 6 7 8			

Wednesday 20 October 2021

PRIORITY TASKS	AM		PM	
_____	12		12	
_____	1		1	
_____	2		2	
_____	3		3	
_____	4		4	
_____	5		5	
TO DO	6		6	
_____	7		7	
_____	8		8	
_____	9		9	
_____	10		10	
_____	11		11	
_____	WATER INTAKE - 1 2 3 4 5 6 7 8			

Thursday 21 October 2021

PRIORITY TASKS	AM		PM	
_____	12		12	
_____	1		1	
_____	2		2	
_____	3		3	
_____	4		4	
_____	5		5	
	6		6	
TO DO	7		7	
_____	8		8	
_____	9		9	
_____	10		10	
_____	11		11	
_____	WATER INTAKE - 1 2 3 4 5 6 7 8			
_____				

Friday 22 October 2021

PRIORITY TASKS	AM		PM	
_____	12		12	
_____	1		1	
_____	2		2	
_____	3		3	
_____	4		4	
_____	5		5	
	6		6	
TO DO	7		7	
_____	8		8	
_____	9		9	
_____	10		10	
_____	11		11	
_____	WATER INTAKE - 1 2 3 4 5 6 7 8			
_____				

Saturday 23 October 2021

PRIORITY TASKS	AM		PM	
_____	**12**		**12**	
_____	**1**		**1**	
_____	**2**		**2**	
_____	**3**		**3**	
_____	**4**		**4**	
_____	**5**		**5**	
	6		**6**	
TO DO				
_____	**7**		**7**	
_____	**8**		**8**	
_____	**9**		**9**	
_____	**10**		**10**	
_____	**11**		**11**	
_____	**WATER INTAKE - 1 2 3 4 5 6 7 8**			
_____				

Sunday 24 October 2021

PRIORITY TASKS	AM		PM
_____	12	12	
_____	1	1	
_____	2	2	
_____	3	3	
_____	4	4	
_____	5	5	
_____	6	6	
TO DO	7	7	
_____	8	8	
_____	9	9	
_____	10	10	
_____	11	11	
_____	WATER INTAKE - 1 2 3 4 5 6 7 8		
_____			

Monday 25 October 2021

PRIORITY TASKS	AM		PM	
_____	12		12	
_____	1		1	
_____	2		2	
_____	3		3	
_____	4		4	
_____	5		5	
_____	6		6	
TO DO	7		7	
_____	8		8	
_____	9		9	
_____	10		10	
_____	11		11	
_____	WATER INTAKE - 1 2 3 4 5 6 7 8			
_____				

Tuesday 26 October 2021

PRIORITY TASKS	AM		PM	
_____	12		12	
_____	1		1	
_____	2		2	
_____	3		3	
_____	4		4	
_____	5		5	
_____	6		6	
TO DO	7		7	
_____	8		8	
_____	9		9	
_____	10		10	
_____	11		11	
_____	WATER INTAKE - 1 2 3 4 5 6 7 8			
_____				

Wednesday 27 October 2021

PRIORITY TASKS	AM		PM
_____	12	12	
_____	1	1	
_____	2	2	
_____	3	3	
_____	4	4	
_____	5	5	
	6	6	
TO DO	7	7	
_____	8	8	
_____	9	9	
_____	10	10	
_____	11	11	
_____	WATER INTAKE - 1 2 3 4 5 6 7 8		

Thursday 28 October 2021

PRIORITY TASKS	AM		PM	
_____	12		12	
_____	1		1	
_____	2		2	
_____	3		3	
_____	4		4	
_____	5		5	
_____	6		6	
TO DO	7		7	
_____	8		8	
_____	9		9	
_____	10		10	
_____	11		11	
_____	WATER INTAKE - 1 2 3 4 5 6 7 8			

Friday 29 October 2021

PRIORITY TASKS	AM		PM	
_____	12		12	
_____	1		1	
_____	2		2	
_____	3		3	
_____	4		4	
_____	5		5	
TO DO	6		6	
_____	7		7	
_____	8		8	
_____	9		9	
_____	10		10	
_____	11		11	
_____	WATER INTAKE - 1 2 3 4 5 6 7 8			

Saturday 30 October 2021

PRIORITY TASKS	AM		PM	
_____	**12**		**12**	
_____	**1**		**1**	
_____	**2**		**2**	
_____	**3**		**3**	
_____	**4**		**4**	
_____	**5**		**5**	
_____	**6**		**6**	
TO DO	**7**		**7**	
_____	**8**		**8**	
_____	**9**		**9**	
_____	**10**		**10**	
_____	**11**		**11**	
_____	WATER INTAKE - 1 2 3 4 5 6 7 8			
_____				

Sunday 31 October 2021

PRIORITY TASKS

_____
_____
_____
_____
_____
_____

TO DO

_____
_____
_____
_____
_____
_____

AM		PM	
12		12	
1		1	
2		2	
3		3	
4		4	
5		5	
6		6	
7		7	
8		8	
9		9	
10		10	
11		11	

WATER INTAKE - 1 2 3 4 5 6 7 8

Monday 01 November 2021

PRIORITY TASKS	AM		PM	
_____	**12**		**12**	
_____	**1**		**1**	
_____	**2**		**2**	
_____	**3**		**3**	
_____	**4**		**4**	
_____	**5**		**5**	
TO DO	**6**		**6**	
_____	**7**		**7**	
_____	**8**		**8**	
_____	**9**		**9**	
_____	**10**		**10**	
_____	**11**		**11**	
_____	**WATER INTAKE - 1 2 3 4 5 6 7 8**			

Tuesday 02 November 2021

PRIORITY TASKS	AM		PM
_____	**12**	**12**	
_____	**1**	**1**	
_____	**2**	**2**	
_____	**3**	**3**	
_____	**4**	**4**	
_____	**5**	**5**	
TO DO	**6**	**6**	
_____	**7**	**7**	
_____	**8**	**8**	
_____	**9**	**9**	
_____	**10**	**10**	
_____	**11**	**11**	
_____	**WATER INTAKE - 1 2 3 4 5 6 7 8**		

Wednesday 03 November 2021

PRIORITY TASKS	AM		PM	
_____	12		12	
_____	1		1	
_____	2		2	
_____	3		3	
_____	4		4	
_____	5		5	
	6		6	
TO DO	7		7	
_____	8		8	
_____	9		9	
_____	10		10	
_____	11		11	
_____	WATER INTAKE - 1 2 3 4 5 6 7 8			

Thursday 04 November 2021

PRIORITY TASKS	AM		PM	
_____	12		12	
_____	1		1	
_____	2		2	
_____	3		3	
_____	4		4	
_____	5		5	
	6		6	
TO DO	7		7	
_____	8		8	
_____	9		9	
_____	10		10	
_____	11		11	
_____	WATER INTAKE - 1 2 3 4 5 6 7 8			

Friday 05 November 2021

PRIORITY TASKS	AM		PM	
_____	12		12	
_____	1		1	
_____	2		2	
_____	3		3	
_____	4		4	
_____	5		5	
TO DO	6		6	
_____	7		7	
_____	8		8	
_____	9		9	
_____	10		10	
_____	11		11	
_____	WATER INTAKE - 1 2 3 4 5 6 7 8			
_____				

Saturday 06 November 2021

PRIORITY TASKS	AM		PM	
_____	12		12	
_____	1		1	
_____	2		2	
_____	3		3	
_____	4		4	
_____	5		5	
TO DO	6		6	
_____	7		7	
_____	8		8	
_____	9		9	
_____	10		10	
_____	11		11	
_____	WATER INTAKE - 1 2 3 4 5 6 7 8			

Sunday 07 November 2021

PRIORITY TASKS		AM		PM
_____	**12**		**12**	
_____	**1**		**1**	
_____	**2**		**2**	
_____	**3**		**3**	
_____	**4**		**4**	
_____	**5**		**5**	
TO DO	**6**		**6**	
_____	**7**		**7**	
_____	**8**		**8**	
_____	**9**		**9**	
_____	**10**		**10**	
_____	**11**		**11**	
_____	**WATER INTAKE - 1 2 3 4 5 6 7 8**			

Monday 08 November 2021

PRIORITY TASKS	AM		PM
_____	12	12	
_____	1	1	
_____	2	2	
_____	3	3	
_____	4	4	
_____	5	5	
TO DO	6	6	
_____	7	7	
_____	8	8	
_____	9	9	
_____	10	10	
_____	11	11	
_____	WATER INTAKE - 1 2 3 4 5 6 7 8		

Tuesday 09 November 2021

PRIORITY TASKS	AM		PM	
_____	12		12	
_____	1		1	
_____	2		2	
_____	3		3	
_____	4		4	
_____	5		5	
TO DO	6		6	
_____	7		7	
_____	8		8	
_____	9		9	
_____	10		10	
_____	11		11	
_____	WATER INTAKE - 1 2 3 4 5 6 7 8			

Wednesday 10 November 2021

PRIORITY TASKS		AM		PM
_____	12		12	
_____	1		1	
_____	2		2	
_____	3		3	
_____	4		4	
_____	5		5	
	6		6	
TO DO	7		7	
_____	8		8	
_____	9		9	
_____	10		10	
_____	11		11	
_____	WATER INTAKE - 1 2 3 4 5 6 7 8			

Thursday 11 November 2021

PRIORITY TASKS	AM		PM
_____	12	12	
_____	1	1	
_____	2	2	
_____	3	3	
_____	4	4	
_____	5	5	
TO DO	6	6	
_____	7	7	
_____	8	8	
_____	9	9	
_____	10	10	
_____	11	11	
_____	WATER INTAKE - 1 2 3 4 5 6 7 8		

Friday 12 November 2021

PRIORITY TASKS	AM		PM	
_____	12		12	
_____	1		1	
_____	2		2	
_____	3		3	
_____	4		4	
_____	5		5	
TO DO	6		6	
_____	7		7	
_____	8		8	
_____	9		9	
_____	10		10	
_____	11		11	
_____	WATER INTAKE - 1 2 3 4 5 6 7 8			

Saturday 13 November 2021

PRIORITY TASKS

_____
_____
_____
_____
_____
_____

TO DO

_____
_____
_____
_____
_____
_____
_____

	AM		PM
12		12	
1		1	
2		2	
3		3	
4		4	
5		5	
6		6	
7		7	
8		8	
9		9	
10		10	
11		11	

WATER INTAKE - 1 2 3 4 5 6 7 8

Sunday 14 November 2021

PRIORITY TASKS	AM		PM	
_____	12		12	
_____	1		1	
_____	2		2	
_____	3		3	
_____	4		4	
_____	5		5	
TO DO	6		6	
_____	7		7	
_____	8		8	
_____	9		9	
_____	10		10	
_____	11		11	
_____	WATER INTAKE - 1 2 3 4 5 6 7 8			

Monday 15 November 2021

PRIORITY TASKS	AM		PM
_____	12	12	
_____	1	1	
_____	2	2	
_____	3	3	
_____	4	4	
_____	5	5	
_____	6	6	
TO DO	7	7	
_____	8	8	
_____	9	9	
_____	10	10	
_____	11	11	
_____	WATER INTAKE - 1 2 3 4 5 6 7 8		
_____			

Tuesday 16 November 2021

PRIORITY TASKS	AM		PM	
_____	12		12	
_____	1		1	
_____	2		2	
_____	3		3	
_____	4		4	
_____	5		5	
TO DO	6		6	
_____	7		7	
_____	8		8	
_____	9		9	
_____	10		10	
_____	11		11	
_____	WATER INTAKE - 1 2 3 4 5 6 7 8			

Wednesday 17 November 2021

PRIORITY TASKS		AM		PM
_____	12		12	
_____	1		1	
_____	2		2	
_____	3		3	
_____	4		4	
_____	5		5	
	6		6	
TO DO	7		7	
_____	8		8	
_____	9		9	
_____	10		10	
_____	11		11	
_____				

WATER INTAKE - 1 2 3 4 5 6 7 8

Thursday 18 November 2021

PRIORITY TASKS	AM		PM	
_____	12		12	
_____	1		1	
_____	2		2	
_____	3		3	
_____	4		4	
_____	5		5	
_____	6		6	
TO DO	7		7	
_____	8		8	
_____	9		9	
_____	10		10	
_____	11		11	
_____	WATER INTAKE - 1 2 3 4 5 6 7 8			

Friday 19 November 2021

PRIORITY TASKS	AM		PM	
_____	12		12	
_____	1		1	
_____	2		2	
_____	3		3	
_____	4		4	
_____	5		5	
TO DO	6		6	
_____	7		7	
_____	8		8	
_____	9		9	
_____	10		10	
_____	11		11	
_____	WATER INTAKE - 1 2 3 4 5 6 7 8			
_____				

Saturday 20 November 2021

PRIORITY TASKS		AM		PM
_____	**12**		**12**	
_____	**1**		**1**	
_____	**2**		**2**	
_____	**3**		**3**	
_____	**4**		**4**	
_____	**5**		**5**	
TO DO	**6**		**6**	
_____	**7**		**7**	
_____	**8**		**8**	
_____	**9**		**9**	
_____	**10**		**10**	
_____	**11**		**11**	
_____		**WATER INTAKE - 1 2 3 4 5 6 7 8**		

Sunday 21 November 2021

PRIORITY TASKS	AM		PM	
_____	12		12	
_____	1		1	
_____	2		2	
_____	3		3	
_____	4		4	
_____	5		5	
	6		6	
TO DO	7		7	
_____	8		8	
_____	9		9	
_____	10		10	
_____	11		11	
_____	WATER INTAKE - 1 2 3 4 5 6 7 8			
_____				

Monday 22 November 2021

PRIORITY TASKS	AM		PM	
_____	12		12	
_____	1		1	
_____	2		2	
_____	3		3	
_____	4		4	
_____	5		5	
TO DO	6		6	
_____	7		7	
_____	8		8	
_____	9		9	
_____	10		10	
_____	11		11	
_____	WATER INTAKE - 1 2 3 4 5 6 7 8			

Tuesday 23 November 2021

PRIORITY TASKS	AM		PM	
_____	**12**		**12**	
_____	**1**		**1**	
_____	**2**		**2**	
_____	**3**		**3**	
_____	**4**		**4**	
_____	**5**		**5**	
TO DO	**6**		**6**	
_____	**7**		**7**	
_____	**8**		**8**	
_____	**9**		**9**	
_____	**10**		**10**	
_____	**11**		**11**	
_____	**WATER INTAKE - 1 2 3 4 5 6 7 8**			

Wednesday 24 November 2021

PRIORITY TASKS	AM		PM	
_____	12		12	
_____	1		1	
_____	2		2	
_____	3		3	
_____	4		4	
_____	5		5	
_____	6		6	
TO DO	7		7	
_____	8		8	
_____	9		9	
_____	10		10	
_____	11		11	
_____	WATER INTAKE - 1 2 3 4 5 6 7 8			

Thursday 25 November 2021

PRIORITY TASKS	AM		PM	
_____	12		12	
_____	1		1	
_____	2		2	
_____	3		3	
_____	4		4	
_____	5		5	
TO DO	6		6	
_____	7		7	
_____	8		8	
_____	9		9	
_____	10		10	
_____	11		11	
_____	WATER INTAKE - 1 2 3 4 5 6 7 8			

Friday 26 November 2021

PRIORITY TASKS		AM		PM
_____	**12**		**12**	
_____	**1**		**1**	
_____	**2**		**2**	
_____	**3**		**3**	
_____	**4**		**4**	
_____	**5**		**5**	
TO DO	**6**		**6**	
_____	**7**		**7**	
_____	**8**		**8**	
_____	**9**		**9**	
_____	**10**		**10**	
_____	**11**		**11**	
_____	**WATER INTAKE - 1 2 3 4 5 6 7 8**			

Saturday 27 November 2021

PRIORITY TASKS	AM		PM	
_____	12		12	
_____	1		1	
_____	2		2	
_____	3		3	
_____	4		4	
_____	5		5	
	6		6	
TO DO	7		7	
_____	8		8	
_____	9		9	
_____	10		10	
_____	11		11	
_____	WATER INTAKE - 1 2 3 4 5 6 7 8			
_____				

Sunday 28 November 2021

PRIORITY TASKS

_____
_____
_____
_____
_____
_____

TO DO

_____
_____
_____
_____
_____
_____

AM		PM	
12		12	
1		1	
2		2	
3		3	
4		4	
5		5	
6		6	
7		7	
8		8	
9		9	
10		10	
11		11	

WATER INTAKE - 1 2 3 4 5 6 7 8

Monday 29 November 2021

PRIORITY TASKS	AM		PM
_____	12	12	
_____	1	1	
_____	2	2	
_____	3	3	
_____	4	4	
_____	5	5	
TO DO	6	6	
_____	7	7	
_____	8	8	
_____	9	9	
_____	10	10	
_____	11	11	
_____	WATER INTAKE - 1 2 3 4 5 6 7 8		

Tuesday 30 November 2021

PRIORITY TASKS	AM		PM
_____	12	12	
_____	1	1	
_____	2	2	
_____	3	3	
_____	4	4	
_____	5	5	
	6	6	
TO DO	7	7	
_____	8	8	
_____	9	9	
_____	10	10	
_____	11	11	
_____	WATER INTAKE - 1 2 3 4 5 6 7 8		

Wednesday 01 December 2021

PRIORITY TASKS		AM		PM
_____	12		12	
_____	1		1	
_____	2		2	
_____	3		3	
_____	4		4	
_____	5		5	
	6		6	
TO DO	7		7	
_____	8		8	
_____	9		9	
_____	10		10	
_____	11		11	
_____	WATER INTAKE - 1 2 3 4 5 6 7 8			

Thursday 02 December 2021

PRIORITY TASKS	AM		PM
_____	12	12	
_____	1	1	
_____	2	2	
_____	3	3	
_____	4	4	
_____	5	5	
TO DO	6	6	
_____	7	7	
_____	8	8	
_____	9	9	
_____	10	10	
_____	11	11	
_____	WATER INTAKE - 1 2 3 4 5 6 7 8		

Friday 03 December 2021

PRIORITY TASKS	AM		PM
_____	**12**	**12**	
_____	**1**	**1**	
_____	**2**	**2**	
_____	**3**	**3**	
_____	**4**	**4**	
_____	**5**	**5**	
	6	**6**	
TO DO			
_____	**7**	**7**	
_____	**8**	**8**	
_____	**9**	**9**	
_____	**10**	**10**	
_____	**11**	**11**	
_____	**WATER INTAKE - 1 2 3 4 5 6 7 8**		
_____			

Saturday 04 December 2021

PRIORITY TASKS	AM		PM
_____	12	12	
_____	1	1	
_____	2	2	
_____	3	3	
_____	4	4	
_____	5	5	
	6	6	
TO DO	7	7	
_____	8	8	
_____	9	9	
_____	10	10	
_____	11	11	
_____	WATER INTAKE - 1 2 3 4 5 6 7 8		

Sunday 05 December 2021

PRIORITY TASKS	AM		PM	
_____	12		12	
_____	1		1	
_____	2		2	
_____	3		3	
_____	4		4	
_____	5		5	
	6		6	
TO DO	7		7	
_____	8		8	
_____	9		9	
_____	10		10	
_____	11		11	
_____	WATER INTAKE - 1 2 3 4 5 6 7 8			

Monday 06 December 2021

PRIORITY TASKS	AM		PM
_____	12	12	
_____	1	1	
_____	2	2	
_____	3	3	
_____	4	4	
_____	5	5	
	6	6	
TO DO	7	7	
_____	8	8	
_____	9	9	
_____	10	10	
_____	11	11	
_____	WATER INTAKE - 1 2 3 4 5 6 7 8		

Tuesday 07 December 2021

PRIORITY TASKS	AM		PM	
_____	12		12	
_____	1		1	
_____	2		2	
_____	3		3	
_____	4		4	
_____	5		5	
	6		6	
TO DO	7		7	
_____	8		8	
_____	9		9	
_____	10		10	
_____	11		11	
_____	WATER INTAKE - 1 2 3 4 5 6 7 8			

Wednesday 08 December 2021

PRIORITY TASKS	AM		PM	
_____	12		12	
_____	1		1	
_____	2		2	
_____	3		3	
_____	4		4	
_____	5		5	
_____	6		6	
TO DO	7		7	
_____	8		8	
_____	9		9	
_____	10		10	
_____	11		11	
_____	WATER INTAKE - 1 2 3 4 5 6 7 8			

Thursday 09 December 2021

PRIORITY TASKS	AM		PM	
_____	12		12	
_____	1		1	
_____	2		2	
_____	3		3	
_____	4		4	
_____	5		5	
_____	6		6	
TO DO	7		7	
_____	8		8	
_____	9		9	
_____	10		10	
_____	11		11	
_____	WATER INTAKE - 1 2 3 4 5 6 7 8			

Friday 10 December 2021

PRIORITY TASKS	AM		PM	
_____	12		12	
_____	1		1	
_____	2		2	
_____	3		3	
_____	4		4	
_____	5		5	
TO DO	6		6	
_____	7		7	
_____	8		8	
_____	9		9	
_____	10		10	
_____	11		11	
_____	WATER INTAKE - 1 2 3 4 5 6 7 8			

Saturday 11 December 2021

PRIORITY TASKS		AM		PM
_____	12		12	
_____	1		1	
_____	2		2	
_____	3		3	
_____	4		4	
_____	5		5	
	6		6	
TO DO	7		7	
_____	8		8	
_____	9		9	
_____	10		10	
_____	11		11	
_____	WATER INTAKE - 1 2 3 4 5 6 7 8			
_____				

Sunday 12 December 2021

PRIORITY TASKS		AM		PM
_____	**12**		**12**	
_____	**1**		**1**	
_____	**2**		**2**	
_____	**3**		**3**	
_____	**4**		**4**	
_____	**5**		**5**	
TO DO	**6**		**6**	
_____	**7**		**7**	
_____	**8**		**8**	
_____	**9**		**9**	
_____	**10**		**10**	
_____	**11**		**11**	
_____	**WATER INTAKE - 1 2 3 4 5 6 7 8**			

Monday 13 December 2021

PRIORITY TASKS

_____

_____

_____

_____

_____

_____

TO DO

_____

_____

_____

_____

_____

_____

AM		PM	
12		12	
1		1	
2		2	
3		3	
4		4	
5		5	
6		6	
7		7	
8		8	
9		9	
10		10	
11		11	

WATER INTAKE - 1 2 3 4 5 6 7 8

Tuesday 14 December 2021

PRIORITY TASKS	AM		PM
_____	**12**	**12**	
_____	**1**	**1**	
_____	**2**	**2**	
_____	**3**	**3**	
_____	**4**	**4**	
_____	**5**	**5**	
TO DO	**6**	**6**	
_____	**7**	**7**	
_____	**8**	**8**	
_____	**9**	**9**	
_____	**10**	**10**	
_____	**11**	**11**	
_____	**WATER INTAKE - 1 2 3 4 5 6 7 8**		

Wednesday 15 December 2021

PRIORITY TASKS	AM		PM
_____	12	12	
_____	1	1	
_____	2	2	
_____	3	3	
_____	4	4	
_____	5	5	
	6	6	
TO DO	7	7	
_____	8	8	
_____	9	9	
_____	10	10	
_____	11	11	
_____	WATER INTAKE - 1 2 3 4 5 6 7 8		

Thursday 16 December 2021

PRIORITY TASKS	AM		PM
_____	12	12	
_____	1	1	
_____	2	2	
_____	3	3	
_____	4	4	
_____	5	5	
TO DO	6	6	
_____	7	7	
_____	8	8	
_____	9	9	
_____	10	10	
_____	11	11	
_____	WATER INTAKE - 1 2 3 4 5 6 7 8		

Friday 17 December 2021

PRIORITY TASKS

_____
_____
_____
_____
_____
_____

TO DO

_____
_____
_____
_____
_____
_____
_____

AM		PM	
12		12	
1		1	
2		2	
3		3	
4		4	
5		5	
6		6	
7		7	
8		8	
9		9	
10		10	
11		11	

WATER INTAKE - 1 2 3 4 5 6 7 8

Saturday 18 December 2021

PRIORITY TASKS	AM		PM	
_____	12		12	
_____	1		1	
_____	2		2	
_____	3		3	
_____	4		4	
_____	5		5	
TO DO	6		6	
_____	7		7	
_____	8		8	
_____	9		9	
_____	10		10	
_____	11		11	
_____	WATER INTAKE - 1 2 3 4 5 6 7 8			

Sunday 19 December 2021

PRIORITY TASKS

_____

_____

_____

_____

_____

_____

TO DO

_____

_____

_____

_____

_____

_____

	AM		PM
12		12	
1		1	
2		2	
3		3	
4		4	
5		5	
6		6	
7		7	
8		8	
9		9	
10		10	
11		11	

WATER INTAKE - 1 2 3 4 5 6 7 8

Monday 20 December 2021

PRIORITY TASKS	AM		PM
_____	**12**	**12**	
_____	**1**	**1**	
_____	**2**	**2**	
_____	**3**	**3**	
_____	**4**	**4**	
_____	**5**	**5**	
	6	**6**	
TO DO	**7**	**7**	
_____	**8**	**8**	
_____	**9**	**9**	
_____	**10**	**10**	
_____	**11**	**11**	
_____			
_____	**WATER INTAKE - 1 2 3 4 5 6 7 8**		

Tuesday 21 December 2021

PRIORITY TASKS	AM		PM	
_____	12		12	
_____	1		1	
_____	2		2	
_____	3		3	
_____	4		4	
_____	5		5	
	6		6	
TO DO	7		7	
_____	8		8	
_____	9		9	
_____	10		10	
_____	11		11	
_____	WATER INTAKE - 1 2 3 4 5 6 7 8			
_____				

Wednesday 22 December 2021

PRIORITY TASKS	AM		PM
_____	12	12	
_____	1	1	
_____	2	2	
_____	3	3	
_____	4	4	
_____	5	5	
TO DO	6	6	
_____	7	7	
_____	8	8	
_____	9	9	
_____	10	10	
_____	11	11	
_____	WATER INTAKE - 1 2 3 4 5 6 7 8		

Thursday 23 December 2021

PRIORITY TASKS		AM		PM
_____	12		12	
_____	1		1	
_____	2		2	
_____	3		3	
_____	4		4	
_____	5		5	
TO DO	6		6	
_____	7		7	
_____	8		8	
_____	9		9	
_____	10		10	
_____	11		11	
_____	WATER INTAKE - 1 2 3 4 5 6 7 8			
_____				

Friday 24 December 2021

PRIORITY TASKS	AM		PM	
_____	12		12	
_____	1		1	
_____	2		2	
_____	3		3	
_____	4		4	
_____	5		5	
_____	6		6	
TO DO	7		7	
_____	8		8	
_____	9		9	
_____	10		10	
_____	11		11	
_____	WATER INTAKE - 1 2 3 4 5 6 7 8			

Saturday 25 December 2021

PRIORITY TASKS	AM		PM	
_____	12		12	
_____	1		1	
_____	2		2	
_____	3		3	
_____	4		4	
_____	5		5	
	6		6	
TO DO	7		7	
_____	8		8	
_____	9		9	
_____	10		10	
_____	11		11	
_____	WATER INTAKE - 1 2 3 4 5 6 7 8			
_____				

Sunday 26 December 2021

PRIORITY TASKS	AM		PM
_____	12	12	
_____	1	1	
_____	2	2	
_____	3	3	
_____	4	4	
_____	5	5	
TO DO	6	6	
_____	7	7	
_____	8	8	
_____	9	9	
_____	10	10	
_____	11	11	
_____	WATER INTAKE - 1 2 3 4 5 6 7 8		

Monday 27 December 2021

PRIORITY TASKS		AM		PM
_____	12		12	
_____	1		1	
_____	2		2	
_____	3		3	
_____	4		4	
_____	5		5	
	6		6	
TO DO	7		7	
_____	8		8	
_____	9		9	
_____	10		10	
_____	11		11	
_____		WATER INTAKE - 1 2 3 4 5 6 7 8		

Tuesday 28 December 2021

PRIORITY TASKS	AM		PM
_____	12	12	
_____	1	1	
_____	2	2	
_____	3	3	
_____	4	4	
_____	5	5	
	6	6	
TO DO	7	7	
_____	8	8	
_____	9	9	
_____	10	10	
_____	11	11	
_____	WATER INTAKE - 1 2 3 4 5 6 7 8		

Wednesday 29 December 2021

PRIORITY TASKS		AM		PM
_____	12		12	
_____	1		1	
_____	2		2	
_____	3		3	
_____	4		4	
_____	5		5	
	6		6	
TO DO	7		7	
_____	8		8	
_____	9		9	
_____	10		10	
_____	11		11	
_____	WATER INTAKE - 1 2 3 4 5 6 7 8			
_____				

Thursday 30 December 2021

PRIORITY TASKS	AM		PM
_____	12	12	
_____	1	1	
_____	2	2	
_____	3	3	
_____	4	4	
_____	5	5	
	6	6	
TO DO	7	7	
_____	8	8	
_____	9	9	
_____	10	10	
_____	11	11	
_____	**WATER INTAKE - 1 2 3 4 5 6 7 8**		

Friday 31 December 2021

PRIORITY TASKS	AM		PM	
_____	12		12	
_____	1		1	
_____	2		2	
_____	3		3	
_____	4		4	
_____	5		5	
	6		6	
TO DO	7		7	
_____	8		8	
_____	9		9	
_____	10		10	
_____	11		11	
_____	WATER INTAKE - 1 2 3 4 5 6 7 8			
_____				

2021

January
S	M	T	W	T	F	S
					1	2
3	4	5	6	7	8	9
10	11	12	13	14	15	16
17	18	19	20	21	22	23
24	25	26	27	28	29	30
31						

February
S	M	T	W	T	F	S
	1	2	3	4	5	6
7	8	9	10	11	12	13
14	15	16	17	18	19	20
21	22	23	24	25	26	27
28						

March
S	M	T	W	T	F	S
	1	2	3	4	5	6
7	8	9	10	11	12	13
14	15	16	17	18	19	20
21	22	23	24	25	26	27
28	29	30	31			

April
S	M	T	W	T	F	S
				1	2	3
4	5	6	7	8	9	10
11	12	13	14	15	16	17
18	19	20	21	22	23	24
25	26	27	28	29	30	

May
S	M	T	W	T	F	S
						1
2	3	4	5	6	7	8
9	10	11	12	13	14	15
16	17	18	19	20	21	22
23	24	25	26	27	28	29
30	31					

June
S	M	T	W	T	F	S
		1	2	3	4	5
6	7	8	9	10	11	12
13	14	15	16	17	18	19
20	21	22	23	24	25	26
27	28	29	30			

July
S	M	T	W	T	F	S
				1	2	3
4	5	6	7	8	9	10
11	12	13	14	15	16	17
18	19	20	21	22	23	24
25	26	27	28	29	30	31

August
S	M	T	W	T	F	S
1	2	3	4	5	6	7
8	9	10	11	12	13	14
15	16	17	18	19	20	21
22	23	24	25	26	27	28
29	30	31				

September
S	M	T	W	T	F	S
			1	2	3	4
5	6	7	8	9	10	11
12	13	14	15	16	17	18
19	20	21	22	23	24	25
26	27	28	29	30		

October
S	M	T	W	T	F	S
					1	2
3	4	5	6	7	8	9
10	11	12	13	14	15	16
17	18	19	20	21	22	23
24	25	26	27	28	29	30
31						

November
S	M	T	W	T	F	S
	1	2	3	4	5	6
7	8	9	10	11	12	13
14	15	16	17	18	19	20
21	22	23	24	25	26	27
28	29	30				

December
S	M	T	W	T	F	S
			1	2	3	4
5	6	7	8	9	10	11
12	13	14	15	16	17	18
19	20	21	22	23	24	25
26	27	28	29	30	31	

How to use this planner:

There is one page for every day of 2021, and also there are time slots for the whole day.

1. Write down your top priority tasks for each day. (we recommend having a maximum of 3 important tasks per day, having more you'll risk not doing any of them)
2. Use the to-do list to write down the most important things you need to take care of regarding your top priorities for that day. Leave daily basic todos at the end, such as: washing the car, cutting the grass or fixing something.
3. Use the time slots to schedule meetings, write down specific things from the to-do list that needs to be done at a certain time. Also, you can write down other daily activities too such as: picking up the kids, breakfast, lunch, or dinner, the time you want to go to the gym or for a run, and the time you want to go to sleep and wake up.
4. Every time you drink a glass of water, circle or cut off, one of the numbers from the water intake part. Don't forget that is recommended that each day you drink at least 8 cups (8oz/cup) of water.

The key is not to prioritize what's on your schedule, but to schedule your priorities.
- Stephen Covey

Thank you!

We hope you found our **2021 Hourly Daily Planner** useful!

As a small family company, your feedback is very important for us.

Any suggestions or recommendations you might have are welcomed.

Please let us know how you like our book at:
futureproofp@gmail.com

 Facebook:
@FutureProofP

 Instagram:
@FutureProofP

 Twitter:
@FutureProofP

CPSIA information can be obtained
at www.ICGtesting.com
Printed in the USA
LVHW020947140121
676459LV00004B/312